ДМИТРИЙ НЕВСКИЙ

ТАРО МАНАРА
МАГИЯ ЛЮБВИ

МОСКВА
Медков С. Б.
2014

18+

УДК 133.43
ББК 86.3
Н 40

Невский Д.

Н 40 Таро Манара. Магия любви. — М.: Медков С. Б., 2014. — 272 с., илл.

Если вы держите в руках эту книгу, значит, вопросы взаимоотношений полов и природы поступков людей волнуют вас на этом этапе жизненного пути. Эта книга в состоянии помочь вам как в этих вопросах, так и во многих других.

Книга посвящена Таро Манара. На самом деле эти карты, нарисованные итальянским художником Мило Манара и запечатлевшие ключевые моменты человеческих взаимоотношений, лишь повод для более детального изучения человеческой природы.

Перед Вами книга, которая была написана в 2008 году. Она представлена именно в том виде, в каком она была написана изначально. Безусловно, прошло время и автору есть что сказать и есть чем дополнить материал. Но это значит, что придется что-то изменить, убрать, скорректировать то, что является целостной схемой описания Взаимоотношений людей, основанной на работе с колодой Таро Манара.

И тогда было принято решение издать книгу «Таро Манара. Магия любви» в ее первоначальном виде. А материалы, которые накопились за это время, собрать в книге «Таро Манара. Все краски любви».

Эти две книги связаны между собой только темой Любви, Взаимоотношений, Исследование мира чувств и человеческих эмоций. Они дополняют друг друга, но вместе с тем являются вполне самостоятельными величинами.

Надеюсь, что «Таро Манара. Магия любви» и «Таро Манара. Все краски любви» станут для вас теми книгами, которые помогут вам разобраться в теме «Отношения полов» или, говоря человеческим языком, в том, что мы все называем Любовью.

Дмитрий Невский. 2014 г.

© Невский Д., 2014

КАРТЫ ТАРО — КЛЮЧ К ПОНИМАНИЮ ЧЕЛОВЕКА

Здравствуйте, уважаемый читатель!

Если вы держите в руках эту книгу, значит, вопросы взаимоотношений полов и природы поступков людей волнуют вас на этом этапе жизненного пути. Эта книга в состоянии помочь вам как в этих вопросах, так и во многих других.

Человек настолько многогранен и сложен, что отделаться парой-тройкой вопросов просто невозможно. Чем больше его познаешь, тем больше хочется узнавать о его природе, способностях и скрытых в нем силах. Однако важно помнить, что, не видя причин и реальной подоплеки происходящего, сделать верный вывод практически невозможно.

Книга посвящена Таро Манара. На самом деле эти карты, нарисованные итальянским художником Мило Манара и запечатлевшие ключевые моменты человеческих взаимоотношений, лишь повод для более детального изучения человеческой природы.

О чем говорить с человеком? О чем молчать? Почему он так поступает? Почему обижается?

Даже такие простые, но чрезвычайно важные вопросы найдут ответы при помощи этой книги, не говоря уже о детальном рассмотрении личностных типажей и схем поведения людей. Это поможет вам дать беглую, но вполне точную оценку, имея информацию всего лишь о нескольких поступках или сказанных человеком словах. Позволит вам лучше понять личность и оценить ее адекватность в тех или иных жизненных ситуациях.

В целом все ответы из категории «почему мы так себя ведем» и «что от нас можно ожидать» будут представлены вам на страницах этой книги.

Помните, что карты, которые вы держите в руках, это окно в мир, который сотворил Создатель и который мы изучаем, используя те или иные инструменты. Таро Манара — тоже инструмент, и он имеет свои правила пользования, возможности и ограничения. Ознакомьтесь с ними, прежде чем приступать к работе.

Предсказание — это всего лишь вероятностное будущее, которое можно изменить. И вы, понимая механизм его формирования, сможете добиться этого. Конечно, если сочтете необходимым.

Успехов вам!

ГАДАНИЕ. ЗАЧЕМ ОНО НУЖНО?

Действительно, для чего нужно гадание? Почему люди начиная с доисторических времен стараются понять и постичь тайны, скрытые от них временем? Почему человек доверяет свою судьбу игральным костям, или кусочкам картона, или чаинкам, плавающим в чашке?

Думаю, что однозначного и окончательного ответа на эти вопросы мы не сможем найти до тех пор, пока человечество не познает все законы, которые связывают его со Вселенной. До тех пор, пока человек не перестанет надеяться на то, что предвидение будущего вполне достижимо. До тех пор, пока продолжается процесс познания Человека, который создан по образу и подобию Божию.

Но магия, уважаемые читатели, все-таки наука, и утверждение «пути Господни неисповедимы» встречается магами не то чтобы в штыки, а с любопытством и интересом, поскольку именно за этими словами скрыты те механизмы Вселенной и взаимосвязи, которые пока неизвестны человеку. И повод для того, чтобы заглянуть за завесу тайны, всегда вызывает у нас явный и неподдельный интерес.

Гадание как вариант исследования судьбы

Судьба человека многосложна и состоит из массы составляющих, от незначительных поступков до серьезных и глобальных событий, которые в одночасье меняют судьбу человека.

Но те из нас, кто занимается исследованием судьбы — маги, предсказатели, астрологи, — могут сказать, что судьба — не фатум, а лишь набор вероятностей, которые, образуя единое целое, формируют конечный итог. Он может быть хорошим или плохим, но это итог, который называется судьбой. И понимая это, человечество приходит к выводу, что на самом деле судьбу формируют небольшие поступки и события, которые, как снежный ком, формируются в гораздо более значительный итог.

Следовательно, корректное и разумное управление, умение грамотно распорядиться своими возможностями дает гораздо более качественный итог — счастье, успех, уверенность в себе и завтрашнем дне.

Я хочу подчеркнуть, что не призываю вас посвятить всю свою жизнь гадательным практикам, но напоминаю, что любой инструмент, который позволяет нам верно оценить поступки человека, понимать их последствия относительно вселенских законов, позволяет глубоко постичь то, что именуется человеческой судьбой. Не угадывать, а предвидеть и поступать так, как волен поступать человек, получивший ясный совет или рекомендацию.

Гадание как вариант исследования себя

Используя предсказательные техники, мы исследуем прежде всего самих себя. Именно свои эмоции и мотивы мы пытаемся увидеть за теми или иными поступками.

Это шаг, и весьма значительный, к тому, что называется самопознанием. Вдумайтесь, многие ли знакомые из вашего окружения задаются следующими вопросами:

— почему он (она) так поступает?
— что заставляет его (ее) так себя вести?
— неужели ничего нельзя предпринять?
— когда это закончится?

Вопросы возникают достаточно часто. Но ищет ли человек ответы на них по-настоящему? Увы, нет. Не согласны? Однако, к сожалению, это так.

Человеку может быть дано несколько ответов. А те ответы, что интересуют людей в первую очередь и к которым они стремятся подсознательно, выглядят примерно так:

— он (она) скоро перестанет;
— ничего страшного, со всеми бывает;
— конечно, надо только подождать, и все само наладится;
— не переживай, у каждого в жизни бывают сложные периоды.

Как видите, ответы абсолютно пустые, поскольку ни на шаг не приближают человека к самопознанию и к тому, чтобы, получив ответ на свой вопрос, завтра его уже не задавать. Поскольку, сделав правильные выводы, можно изменить многое в своей жизни и не тратить ее впустую.

Гадание как вариант исследования других людей

Да, именно другие люди, которые нас беспокоят или от которых зависит что-то в нашей жизни, вызывают наш неподдельный интерес. Попадая в область предсказаний, они становятся объектом исследования.

Подумайте — знаем ли мы, почему человек радуется или огорчается, печалится или веселится, раздражается или успокаивается? Реальных событийных причин может быть масса. И все они в той или иной степени могут влиять на нашу судьбу.

Все, наверное, слышали выражение «попасть под горячую руку». Оно говорит о том, что на взаимоотношение с неким человеком сильно повлияли его раздражительность, недовольство, гнев. Причем то, что повлияло, не имело прямого отношения к конкретной ситуации. Но вы, не заметив или не поняв этого, получили свою дозу негатива.

А теперь ответьте на вопрос: оно вам надо? Если нет, то изучение природы поступков других людей и взаимоотношений является вполне закономерным.

Гадание как метод постижения мира

Как известно, человечество на данный момент не владеет абсолютной истиной. Многое до сих пор неизвестно ни людям, ни официальной науке. Нечто находится за гранью рационального и логического понимания. Но, пребывая там, оно не перестает существовать и влиять на процессы, происходящие в человеке и с человеком. И он по мере сил старается раскрыть и осознать эту тайну.

Для этого человек использует разные методы, одним из которых является предсказательная практика. Как же она сможет нам помочь? — спросите вы. Да очень просто.

Если вы получили ответ на свой вопрос и он в итоге совпал с тем, к чему вы пришли в результате, то можно сказать, что вы получили истинное предсказание. И таким образом, вы не только проясняете будущее, но и приоткрываете механизмы возникновения сложившейся ситуации.

Ведь если потрудиться, то можно найти закономерность как в событиях, так и в причинах, сформировавших эти события. Со временем данный механизм тоже будет отнесен к официальной науке. А как вы думаете, разве психология появилась из ниоткуда?

Подводя итог всему вышесказанному, хочется отметить, что гадание и предсказание — две разные категории работы с информацией. Постепенно, в процессе нашего общения, вы поймете разницу. Но пока она для вас неразличима, пусть гадание и предсказание будут для вас примерно одним и тем же понятием.

Это позволит вам исследовать ваш мир, делать его лучше и чище, а жизнь — радостнее. И делать все это вы будете не опираясь на некие суеверия, а на основании вполне логического представления, о котором шла речь.

Судьба, гадание и характер

Судьба — слово, которое означает совокупность явлений в жизни человека. Судьба — это сама жизнь, с ее радостями и печалями, горем и обретением, любовью и ненавистью. Именно обо всем, что скрывается за словом «судьба», и ведет речь предсказательная практика. Ведь даже тогда, когда нас волнует простой житейский вопрос, мы не можем однозначно и категорично сказать, повлияет ли он на нашу судьбу или пройдет незаметно.

На самом деле на судьбу влияет, конечно, не предсказание, а вывод и поступок, который совершает человек. И никто, кроме него, не в состоянии сказать, насколько верно он поступает в том или ином случае. Но не потому, что предсказатель не видит результатов поступка, а потому, что человек всегда поступает по-своему, со свойственной только ему манерой действовать и реагировать на те или иные события. А посему помните, что любая информация, проходя через ваше личное восприятие и понимание, становится такой, каковы вы есть на самом деле.

Еще древние говорили: «Характер — это судьба человека» — и были правы. Правы в том, что человеку свойственно поступать так, как он привык это делать. А делать он будет так, как ему удобно. То есть это всегда будет личный и весьма характерный поступок.

Итак, влияет ли гадание на судьбу? Безусловно, но влияет не само гадание, а те выводы и мысли, которые оно породило в человеке. Оно не может, не в состоянии породить то, чего вы не можете воспринять. А посему, несмотря на все споры о том, что гадание программирует судьбу, стоит сказать, что судьбу программирует сам человек, следуя своему мнению о полученной информации.

Вы прекрасно знаете, что кто-то идет вопреки обстоятельствам, а кто-то покорен судьбе. И то и другое не появилось из ниоткуда. Это заложено в самой личности человека, в его психике. И именно оно даст тот результат, который мы называем судьбой.

Одно можно сказать определенно. Если человек не знает, что будет делать с полученными предсказаниями, и не уверен, готов ли он действовать, чтобы что-то изменить, то лучше ему предостеречься. Иначе человек, подобно кролику перед удавом, будет находиться в оцепенении перед возможным будущим и фатум предсказанного настигнет его.

А для всех остальных верно утверждение: «Судьба благоволит сильным».

ОПАСНОСТИ И ПРЕДОСТЕРЕЖЕНИЯ ПРИ РАБОТЕ С ТАРО

Как вы уже поняли, предсказательные практики, как инструменты, при помощи которых осуществляется работа, являются весьма и весьма серьезными вещами, с которыми не принято шутить. И прежде всего потому, что шутка может отразиться на судьбе человека. А шутить с судьбой — с личными качествами, здоровьем, карьерой, судьбой близких и другими немаловажными составляющими — просто непозволительно.

Но даже те, кто понимает всю серьезность происходящего, не в состоянии оценить степень серьезности того, что они собираются предпринять. И вот о том, что необходимо знать о работе с предсказательными практиками, и в частности с картами Таро, мы сейчас поговорим.

Понимание и контроль

Когда вы беретесь проанализировать или просмотреть ситуацию, то прежде всего вы должны понимать тот инструмент, который находится у вас в руках.

Карта, как и любой предсказательный инструмент, имеет свой норов. Нет, это не душа или иная эфемерная составляющая, а ваше личное видение и восприятие того, что она означает. Ведь карта — кусочек ситуации, некий идеальный шаблон, который, будучи помещен в реальный процесс, должен претерпеть изменения.

Так, карта Императрица в Таро Манара означает огромный личностный потенциал женщины и ее высокую привлекательность. По сути, это положительная карта.

Но если вопрос ставится о выявлении слабой стороны поведения человека, о том, что ему мешает? В таком случае Императрица говорит о том, что именно сила, которая в ней заключена, и потенциал, которым она обладает, являются ее слабой стороной. Эта сила пугает людей, заставляет сторониться и опасаться того, что она может их подчинить.

То есть вы должны не только понимать, каково значение карты, но и то, как она может измениться в зависимости от процесса. Об этом речь пойдет далее, но уже сейчас стоит запомнить это указание.

Развитие ситуации и ее изменение

Несмотря на то что Таро указывает вам, в каком направлении будет развиваться ситуация и каков возможный итог, это не является фатальным. Это лишь тенденция, описание ситуации, но не фатум.

Так, например, санки, запущенные с горы, с большой долей вероятности приедут вниз. Но ведь есть и исключения. Есть те действия и поступки, которые могут помешать предсказанному. И если в раскладе выходит негативное предсказание, то стоит понять, как его можно изменить.

Редко, очень редко карты говорят то, чего изменить нельзя. И ваша задача — увидеть подсказки судьбы, которые посланы вам через карты, чтобы изменить ее ход.

Намеренная ошибка

Намеренная ошибка может совершаться по воле или желанию гадающего. К желаниям, искажающим процесс предсказания, можно отнести страх, опасение, переживания за то, что может быть получено в процессе расклада. Это негативные посылы, которые вносят стойкие искажения как в сам процесс получения информации, так и в процесс ее адаптации (трактовки карт)

Но есть и позитивные влияния, которые искажают процесс не меньше, чем негативные посылы. Это личное стремление, которое можно выразить словами «чтобы все было хорошо» или «я так хочу». Человек как бы заставляет пространство и собственную психику видеть только хорошее, позитивное в раскладе, а негативное и неудобное старается не замечать.

В основе этих намеренных ошибок, независимо от того, базируются ли они на позитивной или негативной мотивации, лежит *собственное мнение человека*. Оно может быть основано на абсолютно различных принципах — от личных, наработанных стереотипов и рамок восприятия до элементарной мнительности, ожидания того или иного результата. То есть человек, задавая вопрос, *уже* знает, какой ответ ему нужен или какую формулировку он приемлет. Далее это знание, высказанное или невысказанное, формируется при помощи карт и выдается за реальное положение вещей.

Итак, намеренная ошибка — это рассказ самому себе о собственном отношении к ситуации.

Ненамеренная ошибка

С ней все проще и в то же время сложнее. Проще потому, что она, в отличие от намеренной ошибки, достаточно легко исправима. Человеку не приходится бороться с собой, со своими представлениями, иллюзиями и убеждениями. Но сложнее потому, что ее не так-то легко распознать.

Это необходимо было прояснить, прежде чем приступить к описанию тех техник, методов и подходов, которые позволят вам минимизировать или избежать ошибок в предсказательной магии.

Также к ненамеренной ошибке, а по сути подсказке, можно отнести «инициативу» Таро, которая выражается в том, что либо нить рассказа, ситуации направляется в другую сторону от запланированной, либо в самом сюжете появляется второе, а иногда и третье направление ситуации. Все это важно, но часто, особенно на первых порах, рассматривается как непонимание ответа, сбой и тому подобное.

Помните, что сбой в предсказании или появление второстепенного сюжета — это некая добровольная помощь, которая часто меняет многое в самом раскладе и понимании ситуации.

Более подробно узнать о том, как не совершать ненамеренных ошибок, вы сможете в главе «Инструкция по предсказанию». А мы продолжим разговор о картах Таро и перейдем к рассказу о том, кого именно вы будете рассматривать во время работы с колодой Манара.

ТАРО МАНАРА — ДЕМОНСТРАЦИЯ СИЛ ЖЕНСКОЙ ПРИРОДЫ

Если вы внимательно посмотрите на Таро Манара, то обратите внимание, что большинство персонажей, которые запечатлены на картах, женщины. Причин этому несколько.

Во-первых, карты говорят о так называемой женской природе или природе взаимоотношений, где женщина играет ключевую роль. Вспомните, что женщин завоевывают, ради женщин совершают подвиги, да и «все беды от женщин». То есть и в картах и в жизни мы говорим о женской природе, лежащей в основе мотивации мужских поступков. Именно поэтому на большинстве карт, характеризующих различные межличностные отношения, изображены женщины.

Во-вторых, природа мужского поведения обусловлена женским воспитанием. Вспомните — кто воспитывает мальчика? Мать, бабушка, няня, воспитательница, учительница... То есть женщины. А это, независимо от воли и желания мужчины, формирует четкую подчинительную позицию. И каким бы ни был сильным и независимым мужчина, он все равно хоть отчасти, но подчинен женщине.

В-третьих, только женщина в состоянии изменить мужчину, сделать его таким, каким он может стать. Может, а не должен, поскольку у каждого есть свой реальный потенциал и реальные возможности. И не стоит требовать от человека того, чего он не в состоянии достичь.

На этом мне бы хотелось сделать небольшое отступление и привести свою статью, в которой данные вопросы освещены более детально. Это позволит получить больше информации о том, с чем в дальнейшем вам предстоит работать.

Супруг. Что в нем не нравится и как это изменить?

Редкий брак и взаимоотношения существуют без конфликтов и напряженности. Через это проходят все, и проблемы сопутствуют практически каждому семейному союзу.

Но в общении, во взаимоотношениях существуют периоды, когда проблема только назревает, начинает формироваться. И решения, которые предпринимаются в эти периоды, способны как уберечь от больших бед, так и снизить уровень конфликтов до минимума.

Для того чтобы понять, что именно стало не так, не надо быть профессиональным психологом или аналитиком с большим стажем. Наблюдательность и внимательность к поведению своей второй половины может рассказать вам о том, что же происходит на самом деле, а также о том, какие меры можно предпринять в этом случае.

Этот подход основан на том, что весь окружающий нас мир — это зеркало, в котором отражаемся мы сами. Но зеркал этих много, и часто то тут, то там видны лишь кончик носа или прядь волос. Согласитесь, этого совершенно недостаточно для того, чтобы понять, о чем, собственно, идет речь. Но мы продолжаем разглядывать все эти отражения, очень часто не замечая самого важного, в котором мы отражены наиболее полно.

Речь, конечно, идет о спутнике жизни, о том, с кем вы сейчас живете вместе. Возможно, это супруг или человек, который пока еще не стал им, но в любом случае если вы вместе, то вам, в силу тех или иных причин, комфортно с этим человеком.

Но речь сейчас идет не о том, почему вам комфортно или почему вы с ним живете. Речь о том, как вы *отражены* в вашем спутнике.

Вспомните, древние говорили: «Муж и жена — одна сатана». И если исключить религиозный подтекст, то можно понять, что наши предки искренне настаивали на том, что мужчина и женщина образуют единое целое. А если это так, то одна половинка в той или иной форме дополняет другую, образуя эту целостность.

Поведение мужчины

Это главное, на что необходимо обратить внимание. Как он ведет себя по отношению к вам? Галантен, заботлив, услужлив, внимателен?

Ответы могут быть разными, но, несмотря на то, каким будет ответ, все это не столько его поведение, сколько то, как он видит вас.

Все дело в том, что мужчины очень логичны. И даже те, кто опирается на эмоциональные составляющие своей души, не перестают быть последовательными и даже прямолинейными. Что это значит? Это значит, что мужчина, говоря языком XXI века, существо программное. Он оперирует только теми фактами и данными, которые имеет в своей базе данных.

Надо дарить подарки на 8-е Марта? Дарит.

Надо поздравить тещу с днем рождения? Не поздравит! Нет у него этого в программе воспитания. И не потому, что нет уважения или любви к теще (хотя бывает всякое), а потому, что программа такая не создана.

Неужели всему надо учить?

Верно. И никак иначе, поскольку отсутствие данных в его базе не позволит вам получить то, что вы желаете. Вы видели капризных дамочек, которые истеричным тоном кричат «хочу-у-у» или клянчат «да-а-й»? Именно об этом я и хочу вам сказать.

Нет, истерики или гиперкапризы способны разрушить любую психику и вовсе не являются корректной формой поведения по той простой причине, что они утомляют. И рано или поздно всем капризам и истерикам будет положен конец — раз и навсегда. Если же вы стремитесь к быстрым отношениям и получению максимума от них, то эта схема для вас. Но если нет, то стоит избрать иную линию поведения.

Как получить нужный эффект?

Во-первых, говорите партнеру о том, чего вы хотите. Это, как вы уже поняли, важно. Но говорите тогда, когда вас услышат. И не думайте, что самое лучшее время для этого — рекламная пауза во время сериала. Вам кажется, что ваш партнер в этот момент не занят? Не занят, но и не свободен. Подберите время, а возможно, и место для того, чтобы поговорить, высказать свое желание.

Во-вторых, желания имеют свойство накапливаться — это понятно. Но не старайтесь выдать их целым списком. Мужчина должен привыкнуть к тому, что у него появился новый план. Ваш план, который ему надо реализовать.

И совершенно неважно, что он говорит, — может/не может, хочет/не хочет. Просто оставьте его наедине с этим планом, и, скорее всего, если ваши желания реальны, он их осуществит. Почему? Да потому, что мужчина логичен. И то, что начато, должно быть завершено по законам логики.

В-третьих, контролируйте свои желания. Но не в виде ежечасного опроса на тему «ну как оно?», а в виде наблюдения, произнесения фраз и мелких уточнений деталей плана. Если ваша проверка даст положительный результат, то план — в работе и вы получите желаемое. И тогда стоит оставить человека в покое — не нужно раздражать его, когда он занят тем, что хочет вам что-то дать.

Однако если ваши слова, вернее план, прошли мимо ушей, то вина в этом в большей степени ваша.

Почему? Да потому, что, поступая так, человек как бы говорит, что ваше мнение не важно. И не потому, что он вас не любит и не уважает, а потому, что *вы сами приучили его к этому*.

Что делать? Читать дальше.

Поведение женщины

Женщина ведет себя не так, как ее научили, а так, как ей удобно. Комфортно ходить в старом халате — ходит. Удобно носить стоптанные тапочки — носит. Нет желания причесываться и наносить макияж — не делает.

И все это делается во вред себе.

Помните, что мужчина оценивает. Нет, не по принципу «лучше — хуже», а по принципу восприятия того, что есть на самом деле.

Какая его жена? Ухоженная, уверенная, заботливая — в его голове картинка, которая требует соответствия как в поведении, так и в отношении.

Неряшливая, нелюдимая и сварливая — реакция соответствующая. Что ни сделай — все не так. Зачем нужны новые туфли? В старых тапочках ведь так комфортно!

Нет, конечно, в жизни все не так просто. Но в то же время именно так оно и происходит. Логика подразумевает оперирование фактами. Скажите, если человек готов носить старые тапочки, то зачем ему покупать дорогие туфли? Ведь то, как он относится к себе дома, воспринимается как норма. И то, что он куда-то готов надеть дорогую, шикарную одежду, воспринимается как аномалия. И эта аномалия, как минимум, станет камнем преткновения в попытке купить что-то новое для себя и, как максимум, станет причиной конфликта. Почему конфликта? Да потому, что простая мужская логика не готова разделять поведение жены в домашней обстановке и за ее пределами. Если дома, для мужа, жена ухожена и хорошо одета, то соответствующее ее поведение вне семьи будет воспринято точно так же. Если же дома жена выглядит абы как, а вне дома старается изо всех сил принарядиться, то, следовательно, у мужа возникает мысль, что там она хочет кому-то понравиться, и так далее и тому подобное.

Разве не так? Женская логика говорит одно, а мужская — другое. Факты, как говорится, налицо.

Колея

Колея, или привычное поведение, — это то, что мы делаем изо дня в день. Если ваша жизнь и то, что в ней происходит, вас устраивает, то у вас хорошая колея. Но если это не так и отношение вашего спутника к вам начало меняться, то причина этого — в вас самих.

Да, это логика, все та же мужская логика, которая говорит о том, что вы, задав ему определенный ритм общения, понемногу изменили его под себя. И то, что вам не нравится, на самом деле отражение вас самих.

Не нравится, что супруг на вас ворчит? А вы сами собой довольны?

Не нравится, что в последний раз вам дарили цветы в каком-то «лохматом» году? А вы сами когда ему что-то дарили?

Не нравится, что он все время лежит на диване? А зачем ему суетиться, если и так не оценят? Или и так все дадут?

Примитивно, но такова природа человека.

Как исправить сложившееся положение вещей?

Во-первых, вам потребуется немало времени для того, чтобы перебить старые программы и схемы, которые вложены вами и родителями в процессе воспитания.

Во-вторых, упорство, и прежде всего в отношении самой себя. Вы ведь уже поняли, что *начинать надо с себя, а не с него*. Ваш партнер сам, ведомый вашими изменениями, трансформируется.

В-третьих, не стоит ставить себе сверхзадач. У вас есть пожелания к нему? Делайте все сами, начиная с самой себя, и постепенно вы получите отклик.

Тут скорее всего в вашей голове может возникнуть вопрос: «А зачем мне все это надо?»

А вот на этот вопрос вы ответите сами. Не надо — не делайте, надо — делайте. Возможно, в вашем понимании мужчина должен обо всем догадаться сам или ради вас измениться. Да он и не против. Вот только принципы этого изменения выбираете не вы — вам диктуют их законы Вселенной. А с ними спорить бесполезно.

И не стоит копаться в голове, отыскивая примеры подруг и знакомых, которые получили все на блюдечке с голубой каемочкой. Такое возможно только в одном случае — браке или союзе по расчету.

В случае же поиска счастья и любви в паре вы не встретите такого.

Да, кто-то из мужчин более управляем, кто-то менее. Но корректировка необходима и тем и другим.

Диктатура или подчинение

Об этой форме отношений вы также сможете узнать, понаблюдав за поведением мужчин.

Если он диктует свою волю, настаивает на своем до хрипоты, причем часто в ситуациях, которые непринципиальны и часто эфемерны, это значит, что вы чаще необходимого принимаете решение за него.

В семье, в паре, все должно быть гармонично. Не по демократическим нормам, а по нормам взаимоотношений между мужчиной и женщиной. Кто-то готовит еду, кто-то чинит вещи. Это нормально, естественно по той причине, что у каждого человека, как и у каждого пола, есть свои таланты, природные особенности.

А если идти наперекор природе, то в конце концов вы получите хаос в собственных делах. И тогда, чтобы не позволить развалиться ситуации, вы будете вынуждены все больше и больше контролировать. А это, как вы понимаете, попахивает узурпацией власти.

Замкнутый круг? Нисколько. У каждого есть своя зона ответственности, и если вы выполняете все, что положено вам, то и ваш партнер будет это делать. И как минимум вы получает право управлять им в той форме, которая вам будет нужна, без оглядок на упреки.

Сильный — слабый

Встречаются такие пары, когда кажется, что один партнер намного сильнее другого. Так вот, это заблуждение. Причем временное.

Пара будет находиться в гармонии тогда, когда у обоих партнеров приблизительно равный потенциал. В противном случае начнется распад. И чтобы этого не произошло, необходимо следить за следующими симптомами.

Вы на какое-то время перестали его понимать. Он говорит вроде бы привычные фразы, но вы их не улавливаете. Но это просто означает, что вы выросли. Впрочем, как и он. Да, мы все растем и развиваемся, и количество наших знаний и опыта в определенные периоды жизни переходит в качество. Так вот, на самом деле выросли оба партнера. Только один может лучше приспосабливаться, а другой — приспосабливать под себя.

Я думаю, вы уже поняли, к чему я клоню. Да, речь опять идет о женском участии в адаптации к новому уровню. Мужчина может лишь согласиться с этим, но не сделать это. А вам придется прикладывать усилия в том направлении, чтобы научить его понимать себя по-новому. Рассказать, показать и продемонстрировать. В противном случае возникнет схема «слабый — сильный», которая приведет к развалу отношений.

Как прикладывать усилия? Не просто, конечно, особенно если жена получила высокооплачиваемую работу и приносит домой денег в два раза больше, чем муж. А вы и сами знаете, что в нашей среде есть вполне четкая установка — мужчина должен быть в этом отношении вровень или выше своей жены. Вот только почему такая установка существует? Да потому, что тот, кто «выше», будет диктовать свою волю или принимать решения. То есть, по сути, это отношения власти. Но ведь мы уже говорили об этом. И если жена не будет взваливать на себя принятие решений или указаний в сфере, которая подчинена мужу, то и проблем не будет. Даже если жена и зарабатывает в сто раз больше.

Тихо — громко

Позиционирование человека в паре, то есть то, как он себя преподносит, чрезвычайно важно для гармоничных отношений.

Посмотрите, как ведет себя супруг дома и в коллективе. Да, схемы могут быть разными, вот только отличия могут быть едва заметными или разительными.

Дома это тихий и унылый человек, а в коллективе — весельчак и балагур? Здесь явно идет речь о том, что ваше отношение к его активности вам не по душе.

И что из того? Ну и пусть там себе балагурит. Может быть и так, вот только как быть с нормальным состоянием человека, если его открытость и радость создают в семье конфликтную ситуацию? И конфликт этот таится именно в вас. Почему бы не смеяться, не веселиться, не петь и не плясать? Вам не нравится, потому что у вас другое воспитание? А как быть с ним?

Это непростые вопросы лично для вас, поскольку простого ответа здесь не существует. Но все дело в том, что вам необходимо позволить ему быть самим собой. Потому что и вам также надо быть самой собой.

«А что, разве я уже не такая?» — спросите вы.

Нет, если партнер — ваше отражение — пребывает во внутреннем конфликте.

Внутренние конфликты

У кого нет внутренних конфликтов? Да практически у всех они есть, вот только согласие с этим фактом нисколько вас от них не освобождает. Потому, что чаще всего вы их даже не замечаете, не видите и не понимаете.

Видите ли вы свои уши? Нет, но, подойдя к зеркалу, вы совершенно спокойно можете разглядеть их.

Так и с вашим любимым зеркалом — партнером. Посмотрите в него и поищите эти конфликты. Зачем они вам?

Демонстрация внутреннего конфликта часто выглядит как попытка прицепиться или подшутить над вами так, что это вызовет в вас недоумение или раздражение.

Это явный признак того, что с вашим внутренним миром что-то не так.

Или, например, раздражение партнера от того, что вы часами готовы разговаривать по телефону с подругами. И дело не в том, что часами, а в том, что с ними вам интереснее. Или есть темы, которые вы не готовы обсуждать с партнером? В самом общении нет ничего крамольного, но в избирательности общения есть скрытый смысл. Подумайте, готовы ли вы обсудить с супругом то, что обсуждали недавно с подругами? Если нет, то почему? Скорее всего, вы скажете, что будет такая-то реакция. А вы проверьте, что именно будет. А если вы не получите то, что предполагали, то все ваши предположения являются надуманными. Но это полдела, а вторая половина кроется в том, что вы в своем мире не всегда верны в оценках самой себя. Именно себя, поскольку в данном случае разговор с партнером нужен был лишь как подсказка зеркального отражения.

Внешние конфликты

Если «ваше отражение» стремится конфликтовать с вами, то на самом деле это целиком и полностью ваш конфликт. Посмотрите на его причины и его природу. Но не стремитесь оценить конфликт поверхностно. Так, например, недовольство тем, что вы используете его станок для бритья, говорит о том, что ваше отношение к себе некорректно. Ведь это вопрос гигиены. И если вы так поверхностно относитесь к нему, то и к своему здоровью вы относитесь аналогично.

Секс

Данный вопрос не столько этический и моральный, сколько эстетический и физиологический. Секс обычно доставляет человеку эмоциональное удовольствие и наслаждение, если рассматривать этот вопрос с точки зрения природы происходящего. И она, природа, диктует свои требования и нормы в этом вопросе.

Муж стал пассивен в сексе? Или не так активен, как раньше?

Конечно, объяснением этому могут быть и возрастные причины, но чаще всего в процесс включается ваше отношение к этому вопросу. Не хочется, забот полно, не время, голова болит... Отговорок может быть много, но все они, если имеют место в вашей жизни, должны быть скорее исключением, нежели правилом.

Сложности и неудовлетворенность в интимной сфере, которая начала возникать, могут быть устранена там же. И разговор не в том, что вы должны делать это «через не могу» или жертвовать собой ради призрачной цели. Цель-то ведь не призрачна. Мужчина, имея возможность получения сексуального удовлетворения в браке, как правило, не смотрит на сторону; он более спокоен и уверен в себе, поскольку способность доставить удовольствие или удовлетворить свою партнершу для мужчин чрезвычайно важна. А если нет? Как минимум, начнут возникать конфликты и скандалы, как форма протеста против ограничений в сексе. На самом деле, конечно, не против секса — мужчина это редко понимает, а против того, что его мужское достоинство задето таким образом. А если нет, то мужчина может захотеть узнать, насколько же он мужчина в глазах другой женщины. Конечно, можно посетовать на то, что он такой «кобель» или считать: «Пусть сам старается». Но как вы сами понимаете, это эгоизм чистой воды.

И хотя вы можете быть много лет вместе, но каждое утро ваш брак и взаимоотношения как бы просыпаются вместе с вами. Они новые и требуют новых шагов и нового подхода.

Подумайте: женился ли бы он на вас, пребывая на том уровне взаимоотношений, какие существуют сейчас? Я говорю не только о внешнем виде, но и об уровне общения, понимания, открытости и иных качествах, которые объединяют семью. Если хотя бы один из компонентов вызывает у вас сомнения, то для вас это звоночек — сигнал к тому, чтобы обратить внимание на ваш союз.

Сомнения

Кто не сомневается? Это верно, но в то же время сомнения, которые крутятся у вас в голове, могут захлестнуть ваше восприятие и сильно исказить его.

Увидеть сомнения в «зеркале» можно в виде «нерешительности» и «зажатости» в определенных вопросах. Все это указывает на то, то ваши сомнения управляют вами. И весьма сильно. Ведь если человек не готов совершить поступок, то он что-то теряет в своей жизни и своих возможностях.

Как быть и что делать?

Извечный вопрос: «Что делать?» В первую очередь, имея под рукой «зеркало», стоит понять, что вас не устраивает в нем. Есть ли слабые стороны или то, что раздражает?

Далее. Выбрать одно или два проявления и начать исправлять их в себе. И при этом смотреть в «отражение», оценивая качество проделанной работы.

Подавить все негативные эмоции и стремления к конфликтам. Это не значит, что не стоит говорить о том, что вам нравится или не нравится. Но делать это необходимо спокойно и желательно предлагать варианты к действию.

Не давать себе поблажек. Впрочем, это не значит, что не нужно отдыхать и расслабляться. Но если вы решили что-то переделать в себе — идите до конца, и там уже вы можете в полной мере расслабиться.

Вам не нравится футбол? А может, супругу не нравятся мыльные оперы? Вас раздражают его комментарии по поводу сериалов? А может, вам стоит воздержаться от ворчания по поводу его вариантов проведения досуга?

Вы видите именно свое раздражение во внешнем мире. Помните об этом.

На самом деле все, что было сказано здесь, несмотря на кажущуюся сложность, достаточно просто, если начать делать это не спеша и шаг за шагом.

Вы ведь привыкли чистить зубы? Привыкли причесываться? Все, что предложено вам здесь, не сильно отличается от правил гигиены, только относится это к вашему внутреннему миру, который никто, кроме вас, не приведет в порядок.

И помните: вчерашнего дня уже нет, а завтрашний будет таким, каким его сделаете вы.

Именно это на самом деле происходит в жизни. И независимо от того, кто какого мнения придерживается по данному вопросу (в частности, мужчины), это будет происходить всегда, пока существует такая природа вещей.

Поэтому, взяв колоду карт Манара, вы должны понимать, кто является движущей силой в ситуации и кто в состоянии что-либо изменить в том порядке вещей, который существует на данный момент времени.

МАСТИ КАК ОТРАЖЕНИЕ ОПРЕДЕЛЕННЫХ ТИПАЖЕЙ

Поскольку вы понемногу начинаете разбираться в человеческой природе, в частности в природе мужчины и женщины, имеет смысл поговорить о следующей особенности человека, которая нашла свое отражение в так называемых мастях карт.

Огонь, вода, воздух, земля. Пики, червы, трефы, бубны. Мечи, кубки, жезлы, динарии. Все это — перечисления различных личностных типажей, объединенных в группы. Каждая из групп обладает своей неповторимой характеристикой и в состоянии продемонстрировать нам те или иные особенности поведения.

По сути, зная, к какой из групп относится человек, вы можете сказать о нем очень многое, даже не прибегая к картам и к детальному изучению его характера.

Не верите? Давайте рассмотрим каждую из групп, чтобы вы могли проверить, прав я или нет.

Поскольку в картах Манара используются значения стихий, то и личностные типажи мы будем рассматривать в связи с ними.

Стихия

— *Идеология поведения человека и его девиз.* Это то, с чем человек идет по жизни, на что опирается в своих поступках и какие характерные черты поведения ему присущи.

— *Общий психологический портрет.* Это общее описание схем поведения человека и его отношения к жизни.

— *Сильные стороны типажа.*

— *Слабые стороны типажа.*

— *Взаимоотношения с другими знаками.* Немаловажный момент во взаимоотношениях между людьми, поскольку одни знаки дружат между собой, другие — конфликтуют. И попытка построить взаимоотношения со знаком-антагонистом обречена на провал.

Огонь

— *Идеология поведения человека и его девиз.*

Девиз людей стихии Огня: «Цель превыше всего». И собственно, ради цели и во имя цели люди этой масти способны предпринимать самые неординарные действия. И останавливаются люди Огня только в двух случаях. Первый — цель перестала их интересовать или стала абсолютно недосягаемой. Второй — они уже достигли поставленной цели.

— *Общий психологический портрет.*

Это психически сильные и уверенные в себе люди. Прямолинейны, излишне грубы, хотя и способны на проявление изящных манер (в том случае, если им это выгодно). Жестки, иногда жестоки и расчетливы. Хладнокровны, обладают хорошей памятью и прекрасной логикой. Враги их боятся, а друзья уважают. Те их знакомые, кто пока еще не попал ни в одну из категорий, стараются примкнуть либо к первым, либо ко вторым.

— *Сильные стороны типажа.*

Целеустремленность, надежность, уравновешенность, непоколебимость, находчивость и предусмотрительность.

— *Слабые стороны типажа.*

Отсутствие гибкости, жесткость, бескомпромиссность, низкая чувствительность, холодность и категоричность.

— *Взаимоотношения с другими знаками.*

— *Огонь.* Прекрасные взаимоотношения, но если начнут делить одну цель, то могут стать настоящими врагами.

— *Вода.* Недопонимание друг друга и, как следствие, весьма напряженное общение. Огонь общается с Водой только тогда, когда надо. А Вода вообще старается не общаться с Огнем.

— *Воздух.* Общение активное, динамичное. Конфликты редки.

— *Земля.* Взаимоотношения редко бывают гармоничными.

Вода

— *Идеология поведения человека и его девиз.*

Девиз людей Воды: «Главное — внутренний мир человека». И согласно этому девизу люди Воды движутся по жизни. Их больше всего интересует то, как они относятся к миру и как мир относится к ним. Впечатлительные и эмоциональные натуры, они все чувствуют кожей.

— *Общий психологический портрет.*

Это игроки, но цель их игры — произвести впечатление... на самого себя. Конечно, реакция окружающих тоже принимается в расчет, но то самолюбование, которому способны предаваться люди Воды даже в одиночестве, не превзойдет ни один из знаков. В жизни их интересует лишь то, что порождает эмоции, чувства и страсть. Во всем остальном они абсолютно бесполезны.

— *Сильные стороны типажа.*

Способность чувственно и эмоционально воспринимать окружающий мир. Неслучайно среди людей Воды большое количество представителей творческих профессий, где эмоции играют важнейшую роль.

— *Слабые стороны типажа.*

Низкая бытовая приспособляемость: ни воды натаскать, ни дров наколоть, лишь сложить песнь о героическом труде или написать поэму.

— *Взаимоотношения с другими знаками.*

— *Огонь.* Стараются не пересекаться, поскольку друг друга практически не понимают.

— *Вода.* Прекрасно себя чувствуют вместе, но какое-то время. Затем возникает конфликт из-за разногласий на ту или иную тему. Затем все затихает, а потом начинается по новой. Однако для Воды это вполне нормально.

— *Воздух.* Контакты слабые, поскольку Воздух, как и Огонь, не понимает Воду.

— *Земля.* Контакты стабильные и постоянные. Они часто находят друг друга, поскольку Вода дает Земле то, что делает их более значимыми в своих глазах.

Воздух

— *Идеология поведения человека и его девиз.*

Девиз людей Воздуха: «Главное — сам процесс, а цель второстепенна». Они педантичны и скрупулезны, деловиты и любят порядок. Все, что они делают, стараются делать по плану, где важен каждый пункт. И не беда, что план может быть пустым, главное — выполнить его в срок.

— *Общий психологический портрет.*

Конечно, относительно плана это шутка, но все же люди Воздуха очень любят порядок и расчет. Не такой, как у их «огненных» друзей, но точный настолько, насколько они могут себе это позволить. Они надежны, преданны, покладисты и деловиты. Хорошие исполнители и посредственные начальники. Любят комфорт и уют, теплые тапочки и свежий суп.

— *Сильные стороны типажа.*

Наличие порядка всегда и во всем. Люди Воздуха не любят эксперименты и авантюры, и поэтому на них всегда можно положиться.

— *Слабые стороны типажа.*

Низкая инициативность и инертность, которая не позволяет вовремя реагировать на изменение ситуации. Они как бы ждут, что все вернется на круги своя.

— *Взаимоотношения с другими знаками.*

— *Огонь.* Добавляет необходимую активность и идейность в планы и мысли Воздуха. Подталкивает их вперед и рисует новые горизонты.

— *Вода.* Общение слабое, поскольку Воздух не очень хорошо понимает, о чем поет по утрам соловей, если в это время надо доить корову.

— *Воздух.* Общение ровное и размеренное. Конфликты возникают, но лишь на почве приоритетов выполнения тех или иных задач.

— *Земля.* Общение слабое, хотя Воздух вынужден некоторое время проводить в обществе людей Земли, но чаще всего это связано с работой или каким-либо делом. В дружбе и межличностном общении ничего путного не получается.

Земля

— *Идеология поведения человека и его девиз.*

Девиз людей Земли: «А что мне за это будет?» Они всегда ищут выгоду, причем даже там, где всем остальным знакам и в голову не придет ее искать. Высокая приспособляемость людей Земли делает их вездесущими, но все же больше их бывает там, где можно хоть что-то получить или на крайний случай урвать.

— *Общий психологический портрет.*

Не очень умны и не являются идейными бойцами. Но там, где они правят бал, важны хороший нюх, хитрость и изворотливость. А также низкий моральный порог, который не помешает воротить дела с легкостью, не особенно переживая за других людей.

— *Сильные стороны типажа.*

Природный нюх на выгоду и возможность получить что-то полезное для себя. Если человек Земли что-то ищет или чем-то озадачен, то стоит обратить на него внимание, поскольку то, что он ищет, может пригодиться и вам. Вот только вы этого никогда не найдете, зато у него сможете поучиться.

— *Слабые стороны типажа.*

Понятия морали и чести очень часто отличаются от общепринятых, и посему поступки людей Земли вызывают у окружающих откровенное раздражение.

— *Взаимоотношения с другими знаками.*

На самом деле люди Земли одни из немногих, кто в состоянии построить взаимоотношения с любым из знаков. Они обладают высокой гибкостью и подвижным умом, что позволяет им имитировать другой знак и находить с ним общий язык. Конечно, если это выгодно самому человеку Земли.

Как видите, у каждого из приведенных стихийных типажей есть свой неповторимый личностный стиль поведения, который можно с легкостью обнаружить как в себе, так и в окружающих людях. Это позволит вам сориентироваться в жизни и в предсказаниях по картам Манара.

Однако разговор о том, что представляют собой люди, принадлежащие к той или иной стихии, еще не окончен. Он будет продолжен в главах «Поведенческие типы мужчин в 12 астрологических Домах» и «Поведенческие типы женщин в 12 астрологических Домах», где мы рассмотрим более подробно женские и мужские стихийные типажи относительно реальных событий и процессов, которые происходят в их жизни.

ПОВЕДЕНЧЕСКИЕ ТИПЫ ЛЮДЕЙ В 12 АСТРОЛОГИЧЕСКИХ ДОМАХ

Во время работы с Таро вы будете иметь дело не просто с различными мастями карт, а с описаниями реальных типажей, человеческих прототипов, которых символизируют карты Дам и Королей. Важность понимания человеческих типажей очень велика, поскольку дает возможность оценить ту или иную личность без применения сложных техник, создать общее реальное представление о человеке (не путать с ошибочным мнением). И в конечном счете спрогнозировать его поведение в различных ситуациях, поскольку поступки и реакции зависят не столько от воли, сколько от привычек и того типажа, к которому он принадлежит.

По сути, когда вы видите Даму чаш, то вы можете многое рассказать об этом человеке с вероятностью 30–50 %. А когда к этому первичному описанию добавляется и описание карт расклада, то уровень результата автоматически поднимается до 70–80 %.

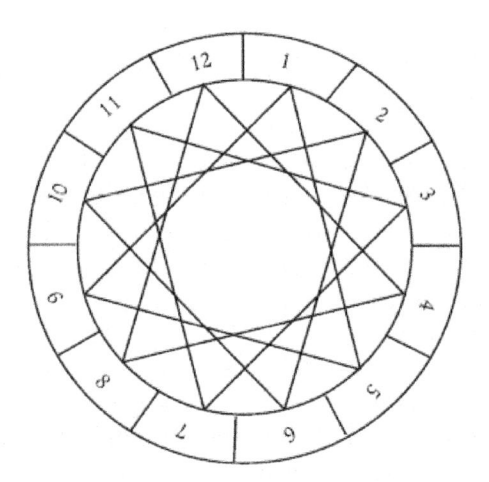

И это не чудо и не пример столетних тренировок, а результат, основанный на знаниях. Вот об этих-то знаниях мы сейчас и поговорим.

Астрологические Дома

Описание поведенческой карты личности базируется на схеме астрологических Домов — 12 базовых составляющих личности, которые присутствуют абсолютно в каждом человеке и в которых, по сути, заключено описание всей его жизни.

Характеристики астрологических Домов даны не только в классической манере, для того чтобы вы имели общее представление о данной теме, но и с акцентом на межличностные отношения, вопросы любви и чувств, что оказало влияние на описание, приведенное ниже.

Характеристика Домов

1-й Дом — Дом жизни (Личность)
Этот дом является отражением таких понятий, как личность и характер человека.

На психологический и поведенческий портрет личности большое влияние оказывает его предыдущая жизнь, а в настоящей жизни его характеристики и поведение лишь видоизменяются под действием различных факторов; сам же типаж остается тем же самым, каким он и был от рождения.

Все мы не раз замечали капризных детей, спокойных детей, уравновешенных детей, злобных детей. Все эти данные ребенок взял с собой из прошлого. И по этим тенденциям можно сказать, что на самом деле представляет собой человек и каким он станет.

Взаимоотношения. Психологический или личностный портрет человека, который покажет Дом жизни, гораздо важнее той маски, которую он носит. И безусловно, важнее вашего собственного представления о человеке. Ведь вы можете ошибаться, идеализируя его.

2-й Дом — Дом прибыли (Доходы и владения)
Этот Дом отражает такие материальные понятия, как имущество, доходы, различные виды трат. Естественно, речь идет и об источниках дохода.

Важно помнить, что Дом прибыли отражает лишь реальное и прошлое материальное положение человека. Перспективы поступления денег или изменения материального состояния отражаются в других Домах.

Взаимоотношения. Деньги и имущество — не главная составляющая отношений, но все же весьма и весьма весомая. Дом прибыли покажет вам реальное положение вещей и перспективы его развития, чтобы фраза «любовная лодка разбилась о быт» не стала актуальной в вашей жизни.

3-й Дом — Дом братьев (Ближайшее окружение, знакомые)
Здесь хранится информация о взаимоотношениях с окружающими людьми — родными, друзьями, соседями, а также теми, кто входит в круг ваших знакомых.

О Доме братьев иногда говорят: «Это контакты человека, которые могут перерасти в нечто большее или дать человеку то, чего у него нет».

Взаимоотношения. Друзья и знакомые играют важную роль в жизни человека, поскольку обладают определенным влиянием на его поступки. Зная о том, как и в каких вопросах человек полагается на свое окружение, вам будет проще понять его. А возможно, и нейтрализовать тех, кто будет вредить вашей паре.

4-й Дом — Дом родителей
В этом доме хранится информация о родителях, взаимоотношениях с ними и обо всем том, что они имеют и дают своему ребенку. Также здесь речь идет о семейном укладе, наследстве, внутрисемейных договоренностях.

Родители обладают определенными возможностями, недостатками, взглядами и многим другим. Все эти компоненты участвуют в формировании нового человека. Какие-то родительские качества усиливают или, наоборот, ослабляют, трансформируют то, что было заложено в их ребенке. Это шанс души человека на исправление своей кармы, но также и неизбежность, которую он заслужил.

Взаимоотношения. Не секрет, что лучше жить подальше от родителей. И не только потому, что у семьи родителей иной быт и уклад, но и потому, что у вас он тоже должен быть иным. Пытаться совместить несовместимое достаточно сложно. Но в то же время необходимо знать, чего вы можете ожидать со стороны его (или ее) родителей, что неизбежно и фатально появится в вашей жизни, даже если вы живете не вместе.

Также Дом родителей информирует вас о возможных стереотипах, которые достаточно часто присутствуют у родителей. Они проходят чаще всего под девизом «...как твоя мать» или «...как твой отец». Если образы вполне достойны подражания, то это еще полдела. Но если что-то в них вызывает опасение, то лучше быть готовым ко всему заранее.

5-й Дом — Дом потомков (Творчество)
Здесь присутствуют два направления человеческих интересов — дети и творчество.

Дети — вопросы их воспитания, отношения к ним и влияния детей на жизнь человека.

Творчество — реализация своих внутренних потребностей в окружающем мире. Хобби, интересы, вкусы, предпочтения. А также Дар или Талант, которым обладает человек. Это тоже приходит с ним из прошлых жизней. Великими музыкантами, художниками или писателями не становятся в одночасье.

Это труд и накопления, сформировавшиеся в человеке за целую череду воплощений, способные принести свои плоды.

Взаимоотношения. Поскольку в Доме потомков хранится информация о двух аспектах жизни человека, то и говорить об их влиянии на взаимоотношения стоит именно с этих позиций.

Так, отношения человека к детям важно для тех пар, которые собираются создать семью. В этом случае ребенок является вполне естественным следствием развития отношений.

Что же касается творчества, то знание о талантах и способностях самом деле человек умеет и к чему стремится. Ведь талант лежать на диване и смотреть телевизор появляется именно из определенного отношения человека к Дому потомков.

6-й Дом — Дом здоровья (Болезней)
Здесь хранится информация о том, что дали человеку родители, да и род в целом, вложивший свою лепту в генетическую цепочку данной династии. Описание генетического потенциала, слабых и сильных сторон организма человека, а также того, что он заслужил на настоящий момент времени. Его отношение к собственному здоровью, болезни, в том числе и скрытые.

Взаимоотношения. Наличие тех или иных аномалий со стороны здоровья лучше увидеть заранее, чем ожидать их появления как снега на голову. Также вы сможете узнать о том, что на данный момент происходит в сексуальной сфере вашего партнера.

7-й Дом — Дом супруга (Партнеры)
Здесь в первую очередь рассматриваются вопросы брака, а также партнерства, в том числе и делового. Общественные связи и союзы также отражаются в этом Доме. Но прежде всего важна информация о супруге. Ведь супружество — это своего рода шанс для любого человека, ограниченного рамками рода и собственных наработок. Вступая в брак, муж (жена) получает возможность пользоваться наработками близкого человека и его рода. Естественно, не стоит забывать о том, что человек получает того партнера, которого достоин.

Взаимоотношения. Понятно, что это ключевой Дом взаимоотношений мужчины и женщины. Здесь можно понять, как обстоят дела на данный момент, как один человек относится к другому, как вообще построено общение.

И конечно, чрезвычайно важна для вас сама возможность иметь такого человека — партнера. Ведь ее может не быть по причине того, что человеку это не надо или он просто не может иметь нормальную семью в силу своего характера и отношения к противоположному полу.

8-й Дом — Дом секса и смерти (Реализация)
Здесь хранится информация о сексуальных предпочтениях человека, его склонностях и интересах, образе партнера и его желаниях, в том числе и невысказанных.

Однако помимо этой сферы, как формы получения эмоционального удовлетворения, Дом секса рассказывает и об иной возможности человека — реализации или творении. Мы можем видеть, на что способен человек в этой жизни и что он реально может сделать.

Взаимоотношения. Здесь вы сможете увидеть сексуальные предпочтения человека, его страхи, связанные с этой сферой, скрытые или явные желания — в общем, все то, что относится к теме сексуальных отношений.

9-й Дом — Дом благочестия (Мораль)
В Доме морали рассматриваются вопросы интеллектуальной жизни человека, его религиозные принципы и стремления, а так-

же путешествия. Это прежде всего личные ответы и личное мнение человека относительно того, «что такое хорошо и что такое плохо». Можно сколь угодно долго считать человека хорошим или плохим, но он ровно такой, какой есть на самом деле. И понимание того, что скрыто у человека в этом Доме, даст вам возможность понять, что он представляет собой на самом деле, как он относится к окружающему миру и к людям.

Помните, что подлец — это не тот, кого таковым считают, а кто таковым является по сути.

Взаимоотношения. Мораль человека, как вы уже поняли, важна для того, чтобы, как и в анализе 1-го Дома, понять, что же представляет собой человек на самом деле, его естественные реакции на внешние обстоятельства и людей, которые не обременены правилами приличия.

Именно по данным, имеющимся в этом Доме, можно сказать о том, кто же на самом деле перед вами — друг или враг, альфонс или прекрасный семьянин. И не стоит себя тешить иллюзиями, что подлец или прохвост исправится с течением времени благодаря вашим усилиям. Поверьте, это не в ваших силах, а в силах самого человека и его природного потенциала.

10-й Дом — Дом царства (Карьера)
Это профессиональные и социальные успехи человека, его карьерный рост как способ и место реализации своих возможностей и талантов.

Дом царства отражает реальное положение вещей на работе, в бизнесе или в том деле, которым занимается человек, а также перспективы его роста и развития. Конечно, если таковые имеются.

Также здесь может вестись речь о том, как человек общается с сослуживцами, коллегами и партнерами.

Взаимоотношения. Информация, хранящаяся здесь, может показать, на каком месте у человека семья, а на каком — работа, как он общается с сослуживцами и как планирует строить свое будущее.

Все это может быть не так уж важно для вас, когда сильные чувства перевешивают все остальное. Но завтра или послезавтра эти вопросы, вполне возможно, выйдут на передний план.

11-й Дом — Дом добрых дел (Планы)

Здесь мы можем узнать о том, чего же реально хочет человек от жизни и от тех, кто рядом с ним. Все, что связано с перспективой, о которой думал и к которой стремился человек, будет отражено в этом Доме. Здесь хранятся всевозможные планы, касающиеся отдыха, встреч, смены места работы и прочего.

Взаимоотношения. Как вы поняли, Дом добрых дел расскажет вам о том, что хочет и к чему стремится человек. И все это позволит вам понять, насколько его стремления и планы на жизнь совпадают с вашими. Ведь если он «хочет в горы», а вы не готовы составить ему компанию, то вам необходимо дать себе ответ на вопрос: «А готовы ли вы его ждать?»

12-й Дом — Дом-темница (Недостатки и препятствия)

То, что не нравится человеку, то, что его ограничивает, раздражает, но в конечном счете управляет им, заставляя решать проблему либо менять траекторию движения, — все это хранится именно здесь.

Обычно этот Дом называют Темницей, поскольку именно в нем указывается на ограничение свободы, выраженное, например, в виде тюрьмы или больницы, а возможно, и несчастных случаев. Но нужно понимать, что несчастный случай или проблема, с которой сталкивается человек, — итог его поступков и отношения к жизни в целом. Вот поэтому в первую очередь стоит рассмотреть то, что реально вызывает конфликт в самом человеке.

Взаимоотношения. Здесь вы сможете увидеть то, что не увидели в других Домах. У каждого человека есть свои скелеты в шкафу. Некоторые из них вполне безобидны, но некоторые являются скрытой угрозой, которая рано или поздно появится в реальной жизни. И если вы знаете о них, то можете заранее спланировать свои действия в случае их появления. Конечно, при условии того, что вы готовы с ними бороться.

Вот, собственно, и все, что я хотел бы рассказать вам о 12 астрологических Домах и о том, как выглядит жизнь человека в связи с ними. Но это только первая, так сказать, вступительная часть. Далее вы сможете увидеть общие схемы поведения людей, принадлежащих к различным стихиям в аспекте приведенных Домов. Это позволит вам лучше понять себя и тех, кто вас интересует.

ПОВЕДЕНЧЕСКИЕ ТИПЫ МУЖЧИН В 12 АСТРОЛОГИЧЕСКИХ ДОМАХ

После того как вы разобрались с тем, что такое астрологический дом, каковы его характеристики и чем он может помочь вам в изучении человеческой природы, можно смело приступать к рассказу о том, что представляют собой люди различных стихий относительно астрологических Домов.

Необходимо сказать сразу, что данная схема близка к идеальной, она дает представление о том, как ведут себя люди той или иной стихии. А также о том, как обстоят дела в каждом Доме, как решаются различные вопросы, то есть как и чем живет и дышит человек стихии.

Рассказ мы начнем с описания мужских типов стихий — Огня, Воды, Воздуха и Земли. Но начнем мы с них не потому, что отдаем им предпочтение, а потому, что мужчины проще в описании (да простят меня они!), и, следовательно, начиная с простого, вы сможете разобраться и в более сложном.

Король Огня: «Все во имя цели!»

Это самый тяжеловесный и сложный персонаж из всей психологической четверки стихийных персонажей. Почему? Потому, что он может быть абсолютно любым.

Естественно, что, согласно огненной стихии, он прямолинеен, жёсток (а иногда и жесток), расчетлив, хладнокровен, иногда даже резок и груб. Впрочем, не стоит думать, что это солдафон, который просто носит цивильную одежду. Ни в коем случае. Просто для него важны цель и ее достижение, а для этого необходимо найти кратчайший путь и сохранить максимум сил для ее реализации, оставив реверансы и иные любезности на потом.

Но все же необходимо сказать, что строгость и резкость Огня совершенно спокойно могут уживаться с высокой восприимчивостью и даже чувственностью.

1-й Дом — Дом жизни (Личность)

В целом Король Огня спокоен и уравновешен, он, тем не менее, может впасть в ярость из-за того, что что-то, по его мнению, идет не так. Он упрям и категоричен, но только в тех вопросах, в которых сам хочет быть таким. То есть в тех вопросах, которые касаются его интересов. Если же интереса нет, то он вполне лоялен и покладист.

Не любит быть на виду, но и особо не прячется. Внешняя привлекательность может его интересовать лишь как средство получения желаемого. Стремится контролировать все, что только возможно контролировать. Его стремление получать информацию, а по сути быть в курсе всего на свете, часто переходит в откровенное любопытство, которое, впрочем, не бывает бесполезным.

Хорошо развитый ум и логика позволяют вполне рационально распоряжаться информацией, а также находить выход из многих ситуаций, которые поставили бы в тупик представителей других стихий.

2-й Дом — Дом прибыли (Доходы и владения)

В материальном плане он всегда стремится к стабильности. Но не из-за любви к деньгам, а исключительно из честолюбия и потому, что прекрасно понимает, что деньги — часть жизни и исключать их из нее — значит исключать и ту часть, которую они формируют.

У толковых людей Огня деньги есть всегда. Их может быть больше или меньше в какой-то определенный момент времени, но это происходит только потому, что они на время забывают о них и начинают упускать контроль.

3-й Дом — Дом братьев (Ближайшее окружение, знакомые)

На равных общается только с теми, кого считает равными себе по уму или более умными. У более умных есть чему поучиться, а с равными можно чувствовать себя вполне комфортно.

Конечно, люди Огня могут общаться и с более слабыми персонажами, но с плохо скрываемой скукой и внутренним раздражением, которое может в любой момент вырваться наружу.

Недостаток ума другим они не прощают, хотя с годами начинают относиться к ним более снисходительно.

В общении с женщинами (не женами) обычно ожидают подвоха. Хотя это в основе своей базируется на непонимании их поведения. С целью обеспечения личной безопасности они, как правило, дистанцируются и напускают холодность.

Независимость — основной их принцип в отношениях. Им проще что-то сделать самим, чем обратиться с просьбой к постороннему.

Чужих близко не подпускают, а чтобы стать своими, надо заслужить их доверие.

4-й Дом — Дом родителей
Отношение к родителям теплое и уважительное. Но частенько Король Огня забывает о них заботиться, поскольку считает, что если он может с чем-то справиться, то могут и они, упуская при этом элементарную заботу.

Король Огня вполне способен на строгость или кажущуюся жестокость, если границы его влияния подвергаются изменениям и кто-то покушается на его самостоятельность. Он готов был слушаться в детстве, но в зрелом возрасте это недопустимо.

5-й Дом — Дом потомков (Творчество)
Идеи, которые, как правило, посещают Короля Огня, опережают свое время. Он хорошо видит цель, но не всегда может соотнести ее со временем, необходимым для достижения, или актуальностью ее реализации в настоящем. Из-за этого периодически возникают проблемы в реализации идей, особенно тогда, когда речь идет о контактах с другими людьми, которые не в состоянии так быстро думать и делать.

6-й Дом — Дом здоровья (Болезни)
Одна из ключевых проблем у Короля Огня — его нервная система. Активность огненной стихии очень легко переходит в агрессивность, после которой случаются кратковременные периоды депрессии. Тогда он зол на весь мир, запирается на пару дней в доме и тихо всех ненавидит. Но если разобрался в ситуации, то быстро отходит и забывает старые обиды.

7-й Дом — Дом супруга (Партнеры)
Дома у Короля Огня царят патриархат и дисциплина, поскольку он — ярый приверженец порядка и логики даже там, где ей не место.

Считает, что его недостаточно ценят и любят, тогда как на самом деле должны боготворить, хотя бы периодически. Правда, этот период в его жизни наступает только тогда, когда происходит эмоциональный откат, о котором мы говорили выше. В остальных случаях требования к своей персоне не выходят за рамки разумного.

Проявление излишне завышенной самооценки часто приводит к конфликтам, поскольку она, по мнению Короля Огня, должна быть подтверждена реальными поступками окружающих. В противном случае он начинает провоцировать окружающих, заставляя их демонстрировать свое отношение.

К созданию семьи Король Огня подходит основательно и даже несколько по-звериному, как хищник, который подкрадывается к добыче. С другой стороны, такая манера позволяет изучить объект его интереса, «обнюхать» его и понять, насколько глубоко он его интересует.

В браке стабилен и вполне прогнозируем, если верно выбирает партнера и не ошибается со стихией. В противном случае распад союза неминуем, поскольку такой человек не способен долго находиться в «моральном рабстве».

8-й Дом — Дом секса и смерти (Реализация)
Большие возможности достичь успеха в любом занятии, требующем ментальной активности. По сути, Король Огня может сделать все, что захочет, но многое зависит от того, захочет ли.

В плане секса не отличается большим разнообразием. Его интересы скорее обычны и просты и не требуют изысков или иных вольностей. Предпочитает классические и проверенные схемы поведения, а остальное его может заинтересовать лишь в плане самообразования.

9-й Дом — Дом благочестия (Мораль)
Все, что помогает добиться намеченного, для него вполне приемлемо. Легко нарушает нормы общественной морали, но никогда не выходит за рамки общечеловеческой. Критичен и нередко безжалостен к людским порокам и слабостям, что сильно усложняет ему жизнь. При случае может сказать гадость или высмеять человека, поскольку считает, что это позволит тому увидеть свои слабости и исправиться. По сути — идеалист.

10-й Дом — Дом царства (Карьера)

Мог бы сделать успешную карьеру, например в политике, если бы не полное непонимание того, для чего это нужно. Поскольку характер Огня требует реализма, то и области для карьерного роста и самореализации он выбирает с таким расчетом, чтобы можно было реально увидеть плоды своего труда.

Предпочитает упорядоченные и понятные занятия, иногда бизнес, но чаще — управление людьми, независимо от количества и сути порученного ему дела, поскольку то, чего он пока не знает, может быстро узнать за счет высокой самообучаемости.

11-й Дом — Дом добрых дел (Планы)

Поскольку жизнь Короля Огня часто весьма активна, если не сказать гиперактивна, то одним из ключевых его планов является обретение спокойной жизни. Он искренне считает, что когда-нибудь эта гонка должна закончиться, правда, не факт, что это случится раньше, чем у него еще останутся силы. Но вы сами понимаете, что эта гонка никогда не закончится, потому что выпускать что-либо из-под своего контроля не в его правилах. Да и остановиться он уже не в силах, поскольку немедленно начинает «покрываться паутиной» и «ржаветь», поэтому предпочитает продолжить свой бег.

12-й Дом — Дом-темница (Недостатки и препятствия)

Главным препятствием в получении задуманного да и в собственной жизни является высокий уровень консерватизма и требовательности к окружающим. Это порождает множество конфликтов, и часто Королю Огня приходится перестраивать схемы поведения, для того чтобы обойти проблемный участок.

Врагов у него не слишком много, поскольку мало кто хочет связываться с таким типом, для которого все средства хороши. Но враги, впрочем, есть, поскольку всегда есть те, кто недоволен таким человеком просто потому, что считают себя не хуже его.

В целом жить с Королем Огня не просто, но поскольку сила и разум всегда привлекают к нему внимание противоположного пола, то на некоторые слабости характера стоит закрывать глаза. Конечно, если не случится «переворот» масти, о котором мы поговорим немного позже.

Король Воды: «Как вам это нравится?!»

1-й Дом — Дом жизни (Личность)
Альфонс, жиголо и актер — вот яркие проявления такого типажа. Он играет на своих и чужих чувствах, поскольку и те и другие необходимы ему как... вода. Трагичен в меру, если того требует ситуация и если это соответствует его представлению о ситуации.

Готов сделать все, чтобы все без исключения было сделано за него и для него. Капризен, истеричен и изнежен, но это внутри, а снаружи он галантен, приятен в общении и обходителен.

Большая часть таких мужчин в случае жизненного фиаско являются яркими представителями алкоголиков и бомжей, которые готовы часами рассказывать о своей несчастливой судьбе.

2-й Дом — Дом прибыли (Доходы и владения)
Деньги тратит на удовольствия и самоудовлетворение. Поскольку планов по зарабатыванию денег, равно как и по тратам, у него нет, то почти всегда бывает в долгах. Даже имея миллионные гонорары, он будет иметь и миллионные долги.

3-й Дом — Дом братьев (Ближайшее окружение, знакомые)
Типичный тусовщик. У него миллион знакомых и друзей, причем разницы между ними он не видит, поэтому его часто используют в своих целях. Король Воды тяжело переживает такие факты собственной биографии и готов помнить обиды до скончания веков.

Любит дружить с женщинами просто потому, что общение с мужчинами дается ему гораздо труднее. Умеет к себе расположить и вызвать сочувствие и участие.

4-й Дом — Дом родителей
Как правило, сидит на попечении родителей до победного конца. Причем это чаще всего определяют сами родители, но не он. Родители вкладывают в него последние средства, которые он тут же разбазаривает и считает, что ему этого мало. Но на прямое выяснение отношений или конфликт не идет, стараясь так обыграть ситуацию, чтобы ему опять помогали.

5-й Дом — Дом потомков (Творчество)

Завышенная самооценка Короля Воды не позволяет адекватно общаться с теми, от кого зависит его судьба. Считает себя гениальным в принципе. Чтобы весь мир узнал о нем, не хватает пустячка: денег и связей.

Впрочем, есть еще и «тихий» вариант Короля Воды, когда такой вот «гений» что-то творит для самоудовлетворения и редко кому показывает. И что характерно, чаще всего именно эти творения действительно являются гениальными.

6-й Дом — Дом здоровья (Болезни)

Здоровье слабое, проблемы тянутся с детства. Причем разобраться, где настоящая болезнь, а где — симуляция, не могут даже хорошие врачи. Истеричность и капризность характерны для подросткового периода жизни Короля Воды.

7-й Дом — Дом супруга (Партнеры)

Может завести семью, если выберет женщину с нереализованным материнским инстинктом и станет для нее великовозрастным ребенком. Чаще всего женщинам такой подарок надоедает, но есть и те, кто готов нянчиться с ним до конца жизни. При этом наличие семьи и обязательств не мешает Королю Воды вести разгульную жизнь, часто не скрывая ее следы от второй половины.

8-й Дом — Дом секса и смерти (Реализация)

Реализация Короля Воды находится в сфере культуры и искусства, при условии, что обстоятельства сложатся удачно. Сам он не сможет это организовать, поэтому рядом с ним, если он одарен и талантлив, часто находятся те, кто может помочь реализовать свои таланты. И чаще всего это Короли Земли.

В области секса интересы Короля Воды крайне разнообразны. Он редко бывает удовлетворен одним партнером, если тот предоставляет ему возможность получить лишь небольшую часть того, что он хочет получить от секса.

9-й Дом — Дом благочестия (Мораль)

Нет морали в общепринятом смысле слова, поскольку представление о добре и зле или о хорошем и плохом, проходя через призму эмоций Короля Воды, превращаются в кисель. Но в то же время, в угоду ситуации или делу, он может имитировать некие моральные устои и принципы, в которые, по большому счету, не верит.

10-й Дом — Дом царства (Карьера)
Основная цель карьеры — это стремление пристроиться потеплее и жить за счет других. Исключение составляют представители творческих профессий, которые помимо поиска самоудовлетворения дают что-то тем, кто находится рядом с ними. Карьера для Короля Воды — лишь способ получить удовлетворение: собой и своими возможностями. По сути, он позер.

11-й Дом — Дом добрых дел (Планы)
Скорее мечты и грезы, но не планы как некий жизненный вектор. Король Воды искренне считает, что в его жизни все само собой сложится так, что он станет известным и богатым. Он готов ждать этого великого события, но не предпринимает каких-то реальных шагов и уж тем более не осознает, что это попросту для него недостижимо.

12-й Дом — Дом-темница (Недостатки и препятствия)
Главный его недостаток и главное препятствие — неспособность организовать собственную жизнь, а главное — крайнее нежелание это делать. Из-за этого у Короля Воды много мелких проблем, которые никогда не заканчиваются, поскольку по-настоящему их никто и не решает. Однако умение сбрасывать проблемы, как ящерица сбрасывает хвост, позволяет ему достаточно долго избегать серьезного кризиса.

Король Воды — личность весьма противоречивая. Вам может попасться гений, а может — и нет. Но и с тем, и с другим жить будет очень и очень непросто. И по силам это только людям Земли, которые видят во всем выгоду. Или тем же людям Воды, если они найдут в этом какое-то удовлетворение.

В остальном общение с Королем Воды поверхностное и не может продолжаться долго, поскольку жизнь в любом случае больше, чем их мир, которым все обязаны любоваться.

Король Воздуха: «Могу улучшить мир или отдельно взятое помещение».

1-й Дом — Дом жизни (Личность)

Это человек, для которого понимание того, что происходит вокруг, важнее, чем сам процесс. Прежде чем принять решение, он должен как следует вникнуть во все и разобраться.

Хорошо развита память, и если он получает хорошее образование, то становится достойным исполнителем. С неба звезд не хватает, но за счет исполнительности и ответственности может достичь многого.

Аккуратен, педантичен, нередко занудлив в быту.

Домосед, любит уют и комфорт и, что характерно, многое делает своими руками.

Король Воздуха сдержан по натуре, поэтому эмоции гасит в себе, а не выплескивает их на тех, кто его раздражает. Но в то же время эти же эмоции, если они не успели перегореть, могут быть излиты на того, кто попадется под горячую руку.

2-й Дом — Дом прибыли (Доходы и владения)

Имеет хороший достаток, позволяющий создать для своей семьи комфортные условия жизни. Деньги для него не самоцель, но они сопутствуют его успеху.

С одной стороны, Король Воздуха умеет распоряжаться деньгами, но с другой — возникают приступы жадности и крайней скупости, поскольку ему может казаться, что вот-вот что-то пойдет не так.

3-й Дом — Дом братьев (Ближайшее окружение, знакомые)

Знакомых у Короля Воздуха много. Друзей мало, но они есть. Возможно, это дружба, идущая со студенческих лет. Знакомые в основном из окружения, связанного с профессией. Людям рядом с ним комфортно.

Король Воздуха умеет понять настроение и приободрить, поэтому к нему частенько обращаются за советом или просто поплакаться в жилетку.

Очень любит принимать гостей или ходить в гости, поскольку это позволяет ему почувствовать себя нужным.

4-й Дом — Дом родителей

Родителей почитает, заботится о них, даже в том случае, если те не особенно проявляли заботу о нем в детстве. Но Король Воздуха часто этого не понимает. А когда понимает, то старается не делать выводов из страха, что его дети могут поступить с ним точно так же. Сам он для родителей является авторитетом или объектом поклонения, чьи заслуги и даже самые маленькие успехи выставляются на всеобщее обозрение.

5-й Дом — Дом потомков (Творчество)

Может проявлять себя в творчестве, если для этого есть задатки. Может быть хорошим спортсменом, музыкантом. Но все эти «может» часто ограничиваются уровнем художественной самодеятельности или хобби, которое нередко сопровождает его по жизни.

Король Воздуха не очень хорошо чувствует мир, поскольку его привычное восприятие не выходит за пределы реальных потребностей. А какие потребности может удовлетворить музыка?

6-й Дом — Дом здоровья (Болезни)

В целом от природы Король Воздуха обладает хорошим здоровьем, и если он заботится о себе, что бывает довольно часто, то до старости не знает серьезных проблем. Как правило, мнителен и в случае подозрения на заболевание старается побыстрее найти способ лечения.

7-й Дом — Дом супруга (Партнеры)

В семье Короля Воздуха отношения вполне гармоничные. Семью он создает чаще всего довольно поздно. Возможны и ранние браки, но в большинстве случаев они обречены на провал.

Семья — тыл, о котором он заботится, стараясь всячески уберечь своих домашних от волнений и прочих неприятностей. Взаимоотношения с супругой старается строить ровные, но с патриархальным душком, под девизом: «Это должна делать жена», а иногда: «Женщина, знай свое место».

Если у Короля Воздуха и есть увлечения на стороне, то семья об этом никогда не узнает и семейную гармонию это не пошатнет.

8-й Дом — Дом секса и смерти (Реализация)

Делая все неспешно и основательно, он способен достигать больших высот именно потому, что не стремится жить одним днем. Именно поэтому в бизнесе или политике люди Воздуха встречаются чаще, чем где бы то ни было.

Отношение к сексу ровное, но в то же время присутствуют авантюризм и желание узнать что-то новое. Чаще всего интерес этот быстро проходит, и человек возвращается в привычное русло.

9-й Дом — Дом благочестия (Мораль)

Моралист до мозга костей. У него своя идеология, которую он холит и лелеет и всячески старается продемонстрировать окружающим. Он не столько хороший, сколько старается выглядеть таковыми. Поэтому-то люди Воздуха часто проводят различные благотворительные мероприятия или просто помогают окружающим. В то же самое время он не готов к тому, чтобы его использовали.

10-й Дом — Дом царства (Карьера)

Карьера Короля Воздуха, как правило, складывается удачно. Ему удается реализовать себя в той сфере, где интересно, или там, где работа приносит определенное удовлетворение.

Часто известен в профессиональных кругах. Трудоголик. Берет на себя большую ответственность и несет ее до последнего, несмотря на то что это может быть уже никому не нужно.

11-й Дом — Дом добрых дел (Планы)

Не ставит себе ограничивающих рамок, поскольку его стремление — достижение более глобальной цели. Он, живя под определенным девизом-лозунгом, все делает для того, чтобы его поступки и планы полностью соответствовали этому девизу.

Практически не способен к прожектерству или авантюрным идеям, ограничивая себя обыденными желаниями.

12-й Дом — Дом-темница (Недостатки и препятствия)

Часто дома проявляет излишнюю уступчивость, то есть главой семьи фактически является жена. Если она — женщина более слабого знака, то всегда преподносит своему супругу необходимые решения на его одобрение. А с женой равного или более высокого знака Король Воздуха часто становится подкаблучником, год от года пытаясь сдать позиции патриархального управленца.

Из наиболее распространенных недостатков у Короля Воздуха может быть только кризис идей, когда реальность говорит ему о том, что он неверно представляет себе окружающий мир. А поскольку с гибкостью восприятия у него сложности, то это чревато личными переживаниями и недовольством, прежде всего самим собой.

Король Воздуха в меру стабилен, в меру надежен и в меру покладист. Его можно назвать золотой серединой или представителем той породы мужчин, которая чаще всего востребована женщинами. Но стоит помнить, что даже в условном соотношении их не более 25%.

Король Земли: «А что я буду с этого иметь?»

1-й Дом — Дом жизни (Личность)
Для Короля Земли выгода превыше всего. Это не обязательно деньги или имущественные компоненты, но ему непременно хотелось бы пощупать то, что он получит за свои труды. Все или почти все мерит деньгами, статусом и возможностями человека относительно реального мира: у кого автомобиль лучше, штаны круче и ботинки дороже. В этом отношении он схож с Королем Воды. Но есть и отличие: Вода занимается самолюбованием, а Земля любуется своими возможностями.

Трусоват по своей природе и туповат, но это компенсируется колоссальным чутьем в отношении выгоды, денег или перспективных сделок.

2-й Дом — Дом прибыли (Доходы и владения)
Поскольку Король Земли по своей сути бизнесмен или делец, то он ищет деньги и выгоду везде, где только можно. Умеет надежно вкладывать и приумножать финансы. Скуп. Бизнес его лежит в основном в сфере торговли.

3-й Дом — Дом братьев (Ближайшее окружение, знакомые)
Окружает себя равными по благосостоянию приятелями, теми, кто может быть ему выгоден. Поэтому не спешит рвать связи, рас-

ставаться со знакомыми, коллекционируя их в большом количестве.

Любит появляться на публике, чтобы продемонстрировать очередное приобретение, которое забавляет его, как ребенка.

Может найти общий язык со многими людьми, поскольку влезает в душу, дабы определить потребности человека и затем продать ему товар с большой накруткой.

4-й Дом — Дом родителей

К родителям отношение потребительское, по схеме «ты — мне, я — тебе». И посему у Вселенной существует свое мнение по поводу семей Королей Земли. Обычно это неполные семьи или один из родителей в них может рано умереть.

В старости люди Земли могут бросить родителей или отдать в дом престарелых, чтобы снять с себя моральную или материальную зависимость и обузу.

5-й Дом — Дом потомков (Творчество)

Умеет интуитивно находить наиболее выигрышные варианты в материальных вопросах. Особый нюх на деньги. Стремление получить знание только в том случае, если это сулит конкретную выгоду.

Отношение к искусству и музыке вполне в духе людей Земли — потребительское. Они слабо разбираются в искусстве и искренне считают, что кому- то ведь надо извлекать из него выгоду, а не только любоваться.

Дети для Короля Земли — объекты для вложения капитала и его приумножения. Поэтому забота о ребенке чаще всего продиктована не любовью, а самим фактом необходимости заботы о вложении сил и средств. Причем если детей несколько, то природный нюх на талант позволяет выбрать то вложение, которое, по его мнению, даст наибольшую отдачу.

6-й Дом — Дом здоровья (Болезни)

Стрессоустойчивы, психически мобильны, но при этом редко заботятся о своем здоровье, что на определенном этапе приводит к тому, что вылезают все родовые болячки.

Склонны к выпивке и наркотикам (гораздо меньше Воды), что усугубляет общее состояние организма.

7-й Дом — Дом супруга (Партнеры)

Если супруга тоже принадлежит к стихии Земли, то, как правило, их отношения только семьей не ограничиваются. Часто они вместе занимаются семейным бизнесом. И в этом случае присутствуют крепкие отношения, основанные на одних и тех же целях и интересах.

Если Король Земли женится в зрелом возрасте, то выбирает жену — Даму Кубков. Супруги ругаются, скандалят, часто с рукоприкладством, улаживая конфликты очередным подарком или мордобоем — все зависит от позиции жены в семье.

8-й Дом — Дом секса и смерти (Реализация)

Звезд с неба Король Земли не хватает, поэтому доволен достигнутым уровнем. Это распространенная схема поведения человека Земли — достичь своего потолка и затем наслаждаться достигнутым.

Часто бросается на откровенный плагиат и на использование других в своих интересах.

В сексе проявляет неразборчивость. Обилие партнеров и случайных связей как бы отражает его стремление получать выгоду от всего.

9-й Дом — Дом благочестия (Мораль)

Мораль Короля Земли определяется деньгами и выгодой. За все можно заплатить, все можно купить. Причем это совершенно не означает, что Король Земли не понимает хорошего или плохого. Просто он искренне считает, что мораль — это просто чья-то точка зрения, а раз так, то ею можно и пренебречь.

Данное им слово может в любой момент забрать, если сочтет, что потеряет больше, чем приобретет.

10-й Дом — Дом царства (Карьера)

Если Король Земли занимается торговлей или бизнесом, связанным с эксплуатацией человека, то все складывается для него удачно. Если же производством или сферой услуг, то возникнут сложности.

Его карьера, независимо от сферы интересов, редко идет гладко, поскольку наступает период «обжорства» и лени, из-за чего в деле начинаются серьезные проблемы.

11-й Дом — Дом добрых дел (Планы)

Единственная видимая и осязаемая цель Короля Земли — сытая и довольная жизнь, по возможности слава, хотя бы в ограниченном круге людей.

Хорошо планировать свою жизнь ему не удается, поскольку не наделен отточенной логикой и высоким уровнем мышления. Но природный нюх и умение привлекать на свою сторону толковых людей компенсируют этот недостаток.

12-й Дом — Дом-темница (Недостатки и препятствия)

Главным недостатком является то, что Король Земли не способен находить общий язык с теми, кто имеет иные ценности, чем деньги и выгода. И в этом случае возникают проблемы, как отражение и назидание, которые связаны именно с общением.

Часто наживает себе врагов, поскольку мерит людей своей меркой, исходя из корысти, что для окружающих нередко бывает оскорбительным.

Король Земли, перефразируя старую пословицу, словно чемодан без ручки. Выбросить жалко, потому что дорогой и выгодный, а нести тяжело, поскольку не все его взгляды приемлемы.

Поэтому чаще всего такой «чемодан» несут Динарии и Кубки.

ПОВЕДЕНЧЕСКИЕ ТИПЫ ЖЕНЩИН В 12 АСТРОЛОГИЧЕСКИХ ДОМАХ

Продолжая свой рассказ о том, как выглядит человек через призму 12 астрологических Домов, мы поговорим о женских типажах.

Конечно, в общих чертах женщины и мужчины одной стихии схожи. Но есть и отличия, тонкости, на которые стоит обратить внимание, не забывая о том, что первым и самым важным отличием поведения мужчин и женщин является их природно-общественная ориентация.

По своей природе мужчина — добытчик, охотник и воин, который мало времени проводит дома и много — в поисках пропитания. А женщина в свою очередь вынашивает детей, воспитывает их и, соответственно, большую часть времени проводит дома, занимаясь бытом.

Несмотря на то что описанное положение вещей постепенно меняется вместе с развитием урбанизации и изменений в культурной среде, память крови, которая насчитывает тысячелетия подобного образа жизни, все еще сохраняется.

Королева Огня: «Подать его сюда!»

1-й Дом — Дом жизни (Личность)

В просторечии «стерва» — это женщина, которая добивается своего, независимо от того, рады этому окружающие или нет, готовы дать это или нет. Впрочем, методы она избирает вполне корректные, изредка жесткие и неприятные для многих, но это уже их проблема. Она может быть любой, то есть оборачиваться в Кубки, Жезлы и Динарии, но при этом суть ее не меняется.

Категорична, целеустремленна и своенравна. У нее сильный характер, с которым часто сама не может справиться.

2-й Дом — Дом прибыли (Доходы и владения)

Деньги не имеют большого значения для Королевы Огня, они для нее лишь элемент достойного существования, но не единственная цель жизни. Однако если их отсутствие ограничивает свободу, то это воспринимается остро и зачастую болезненно. Поэтому она старается решить эту проблему как можно быстрее.

3-й Дом — Дом братьев (Ближайшее окружение, знакомые)
Друзей у Королевы Огня, как правило, нет, и в них она не нуждается. Причина этого кроется в том, что друзья часто утомляют, задавая ненужные вопросы или обращаясь за помощью в пустячных ситуациях. У нее есть довольно много знакомых, с которыми умеет годами поддерживать приятельские отношения, поскольку они могут пригодиться ей в будущем.

4-й Дом — Дом родителей
Почти с пеленок Королева Огня ощущает внутреннюю независимость и ответственность за свою жизнь. Опеку родителей воспринимает как лишний контроль. При этом родители ею уважаются и почитаются, даже если было немало конфликтов, которые порождались ее сильным характером и нежеланием идти на компромисс.

5-й Дом — Дом потомков (Дети и творчество)
Считает, что любое умение рождается в голове, поэтому может и дом построить, и козу подоить. При этом периоды активности сменяются периодами пассивности — очень резко и часто незаметно для окружающих. И тогда она впадает в апатию, которая является естественной реакцией организма, требующего отдыха.

Мать из Королевы Огня непростая. Зная, что обладает большой силой и властностью, она, стараясь защитить от этого своих детей, проявляет излишнюю мягкость. Но если перестает контролировать себя, то может сделать из ребенка слабовольного и зависимого субъекта.

6-й Дом — Дом здоровья (Болезни)
Здоровье в целом хорошее, как от природы, так и от отношения к своему организму. Но существует предрасположенность к заболеваниям сосудов и суставов.

Большие нагрузки, которые морально может вынести Королева Огня, не всегда под силу ее организму, поэтому нередки переутомления и хроническая усталость.

7-й Дом — Дом супруга (Партнеры)
Близкие отношения возможны только в том случае, если они исключают подчинение и построены по принципу сотрудничества и дружбы. Королева Огня не выносит нарушения личного пространства. Причем сначала подпускает человека к себе очень близко, а потом сама же начинает от этого задыхаться и резко увеличивает дистанцию.

Из партнеров наиболее распространены Короли Огня и Воздуха. Остальные стихии не могут долго находиться рядом с ней, поскольку все они склонны манипулировать Огнем, что ей категорически не подходит.

8-й Дом — Дом секса и смерти (Реализация)
Хороший стратег, но слабоватый тактик. При этом способна на широкий реализационный спектр, который ограничивается лишь своими интересами и целью, которая стоит перед ней.

Отношение к сексу неоднозначное. С одной стороны, это удовольствие, с другой — все то же ограничение, которое может восприниматься так на подсознательном уровне. Из-за этого могут быть периоды охлаждения к сексу, затухания интереса.

9-й Дом — Дом благочестия (Мораль)
Понятие морали расходится с общепринятым. Оно не хуже, не лучше, а просто свое. При этом Королева Огня вполне лояльна и к людским слабостями, и к тем, кто наделен этими слабостями. Она всегда себе на уме, и понять, что именно там творится, не всегда возможно.

Не прощает незаслуженных обид, но при этом немстительна.

10-й Дом — Дом царства (Карьера)
Честолюбие способствует ее карьерному росту. В работе всегда присутствует желание прыгнуть выше головы, затем снова поднять планку. Но с тем же успехом Королева Огня может бросить все, если что-то оказалось ей не по нраву.

Редко ходит в подчиненных, но даже если это и складывается таким образом, ее начальник часто не может понять, кто она — его подчиненная или его начальница.

11-й Дом — Дом добрых дел (Планы)

В планах стоит задача создать механизм жизнеобеспечения, который бы сам работал. Тогда можно отправиться на отдых — в лес или в горы. Только на время, не навсегда.

Планы хорошо продуманы, реалистичны, без авантюр и прожектерства. Но со стороны может показаться, что некоторые моменты достаточно рискованны.

12-й Дом — Дом-темница (Недостатки и препятствия)

Эмоциональная нестабильность, часто мешающая адекватной оценке ситуации, возникает как несогласие с чем-то, что происходит в жизни. По натуре Огонь должен смести проблему со своего пути, но общественные законы не всегда это позволяют. И посему приходится терпеть.

Меньшим недостатком является властность, стремление повелевать. Большинство людей согласны на это, поскольку их это устраивает. А вот меньшинство может вступить в борьбу с Королевой Огня, не желая терять контроль за ситуацией или просто не допуская, чтобы ими управляли.

Королева Огня — сильная и целеустремленная женщина, которая стремится к поставленной цели, подчинив себе все, что может помочь ей в этом.

Она допускает людскую слабость вообще, но не приемлет в частности. Если контролирует свою силу и мощь характера и в состоянии дозировать ее проявление в зависимости от ситуации, то общение с ней строится довольно гармоничное. Но если контроль теряется по тем или иным причинам, то лучше держаться от нее подальше. Огонь он и есть огонь.

Королева Воды: «Ах, какой странный мир!»

1-й Дом — Дом жизни (Личность)

Любвеобильна, страстна, непостоянна. Истерична и капризна. Предпочитает, чтобы все делали за нее или во имя ее. В просторечии их нередко называют суками за умение портить нервы окружающим. Но это в том случае, если они доводят окружающих своим истеричным поведением до белого каления.

2-й Дом — Дом прибыли (Доходы и владения)

Мужчина — главный источник ее дохода, касается ли дело шопинга или дома на Карибах. Может временно работать, например, секретаршей, но всегда с прицелом на поиск подходящего партнера.

3-й Дом — Дом братьев (Ближайшее окружение, знакомые)

Знакомых может быть много, так как жизненные интересы Королевы Воды хотя и поверхностны, но достаточно разносторонни. Друзья — только в своей среде, поскольку их в основном объединяет образ жизни, а также связанные с ним увлечения, например совместные походы по магазинам. Особенно ценятся те, на кого можно произвести впечатление или даже шокировать. Они как публика в балагане — часто очень низкого пошиба.

4-й Дом — Дом родителей

У Королевы Воды доверительные отношения с родителями. Она делится с ними секретами, спрашивает совета, часто им следует. А также манипулирует родителями вовсю, тянет из них все, что можно.

Часто это проблемная семья и плохое воспитание, которое толкает ребенка искать счастья там, где это возможно. И поскольку для Воды самостоятельное построение счастья не входит в программу жизни, то она чаще всего ищет, кому бы продаться.

5-й Дом — Дом потомков (Дети и творчество)

Сочиняет стихи, рисует, может увлекаться верховой ездой, читает модные книги, но плохо запоминает фамилии авторов.

К детям отношение потребительское, поскольку они часто являются лишь средством для укрепления брака и манипулирования партнером. Как мать Королева Воды никакая, поскольку не может толком заботиться ни о себе, ни о детях.

6-й Дом — Дом здоровья (Болезни)

Со здоровьем проблем нет, не считая мигреней. Внешне старается поддерживать образ слабой девушки, который зачастую позже перерастает в образ зрелой суки.

Только к 40–50 годам, когда весь потенциал, отведенный природой и родителями, исчерпан, болячки начинают сыпаться как из рога изобилия. И тогда такие дамы активно ходят по врачам, косметологам и всем тем, кто **ОБЯЗАН** им помочь.

7-й Дом — Дом супруга (Партнеры)
Стремится избегать конфликтов, быть милой, ласковой, забавной. Но может использовать капризы или порой скандалы для покупки чего-то нового.

Как супруга Королева Воды часто представляет интерес только с позиции статуса или внешней привлекательности, поскольку хозяйка из нее никакая. Да и жена, которая интересуется только собой, способна нравиться лишь тем, кто находит утешение в чем-то другом.

8-й Дом — Дом секса и смерти (Реализация)
Обладая весьма низкой способностью делать что-то реальное, она останавливается на том, что имитирует деятельность. Обычно много учится, занимается собой, читает модные журналы и так далее. В общем, делает все то, что позволяет создать образ занятой особы.

К сексу отношение у Королевы Воды неоднозначное. Иногда необузданна и любвеобильна. Иногда холодна и не проявляет никакого интереса. Причем периоды активности и пассивности могут быть как элементом манипуляции, так и естественным ее состоянием.

9-й Дом — Дом благочестия (Мораль)
Создает образ ребенка, за которым все должны ухаживать, лелеять, баловать, восхищаться. Кто этого не делает — недалекий, гнусный, тупой, ничего не понимающий в женщинах.

Понятия чести и данного слова размыты, поскольку все это ей не близко и совсем не понятно. Когда же кто-то пытается призвать ее к ответственности, она надевает маску слабой, беззащитной и недалекой бедняжки, от которой сложно что-либо получить.

10-й Дом — Дом царства (Карьера)
Карьера Королевы Воды — удачное замужество или небольшой флирт, который принесет ей если не материальное, то моральное удовлетворение. И не то чтобы Королева Воды не могла чего-

то достичь, она просто не стремится к этому, считая, что все ей преподнесут в лучшем виде.

Первое время, до замужества или обретения подходящего любовника, она еще создает видимость работы, а потом полностью переходит на иждивение.

11-й Дом — Дом добрых дел (Планы)
«Не учите меня жить» — вот ее девиз, сопряженный с получением полного довольства от окружающего мира. И что характерно, у 90% Королев Воды это не получается, и реальность с ужасающей неизбежностью настигает их. И тогда они начинают мимикрировать в Воздух или Землю, но натура Воды конечно же сохраняется.

12-й Дом — Дом-темница (Недостатки и препятствия)
Не выносит одиночества. Рядом обязательно должен находиться мужчина. Без этого Королева Воды потеряна и не видит смысла в жизни. Если нет мужчины, то должны быть подруга или несколько друзей, с которым можно часами сидеть в кафе или разговаривать по телефону. Непременно также наличие подруги-врага, которая должна предать Королеву Воды. Иначе как найти хороший повод для страданий?

Королева Воды — вечный ребенок, который требует постоянной заботы, ухода, а также непременного восхищения ее умом, талантами и красотой.

Как вы понимаете, таких героев не так уж много, поэтому очень часто она остается одна, в окружении подруг, у которых жизнь также не задалась. Но благодаря определенной гибкости или текучести ее стихии, остается шанс трансформации Королевы Воды в другой знак.

Королева Воздуха: «Все должно быть правильно!»

1-й Дом — Дом жизни (Личность)
Высокая идейность, моральная устойчивость, исполнительность и определенный идеализм взглядов — вот основные черты Королевы Воздуха. Нередко пребывает в задумчивости, растерянности из-за обилия вариантов выбора или из-за полного отсут-

ствия идей. Коммуникабельна, образованна, вежлива, но совершенно не стремится хватать звезды с небес. Домоседка, хорошая хозяйка и жена.

2-й Дом — Дом прибыли (Доходы и владения)
Домовитость, умение устроить быт и экономно распорядиться деньгами.

Королева Воздуха чаще всего работает, причем на подчиненных должностях, чтобы иметь возможность уделить внимание детям и семье. Доход невелик, но стабилен, как своего рода поощрение за старательность и исполнительность.

3-й Дом — Дом братьев (Ближайшее окружение, знакомые)
Всегда рядом друзья, возможно со школьной скамьи. Однако в первую очередь для Королевы Воздуха важен ее дом. Когда же все постирано, сварено, вымыто, тогда можно пообщаться с друзьями или соседями.

Дружелюбна и располагает к себе окружающих, поскольку общение — одна из важнейших ее потребностей. Если общается ради сплетен и эмоционального удовлетворения, то делает это с интересом и полным пониманием того, что происходит.

4-й Дом — Дом родителей
Уважительное отношение к родителям. Даже если их взгляды не совпадают, Королева Воздуха предпочитает выполнить их волю, а не идти наперекор. При этом возможен внутренний конфликт, который не выносится наружу, а переживается внутри.

Когда родители достигают преклонного возраста, то забота о них становится одной из ее главных задач. И совершенно не важно, помогали ли родители ей прежде, она будет делать это даже в ущерб своим интересам.

5-й Дом — Дом потомков (Дети и творчество)
Королева Воздуха создает уют и красоту везде, где только можно. Но при этом вкус ее оставляет желать лучшего, поэтому в доме присутствует некоторая несуразица, а также масса мелких и средних фенечек и прочего барахла, которые, как ей кажется, украшают дом, а не собирают пыль.

К детям относится с трепетом и большой любовью. Но при этом часто делает не то, что надо детям, а то, что считает необходимым. Из-за этого дети часто вырастают неприспособленными или излишне требовательными — по привычке, ведь им все доставалось без усилий.

6-й Дом — Дом здоровья (Болезни)
Отношение к здоровью довольно консервативное. Королева Воздуха не испытывает желания исследовать на себе неизвестные пути оздоровления, но применить пару-тройку проверенных методик вполне способна. Чаще всего здоровье ее хорошее, в первую очередь это касается крепкой нервной системы. Приобретенные заболевания случаются с ней редко, в основном всплывают генетические, с которыми бывает сложно бороться. Не любит лечиться и ходить по врачам из-за того, что боится худшего, а также потому, что не готова потом тратить время на лечение. Тянет до последнего, когда сил терпеть уже нет.

7-й Дом — Дом супруга (Партнеры)
Супружеская жизнь будет долгой и благополучной, при условии, что супруг сумеет обеспечить Королеве Воздуха чувство защищенности, стабильности и необходимого комфорта в психологическом и материальном плане.

Часто идеализирует взаимоотношения и, как итог, не может создать нормальную пару, выйти замуж, либо в супружеском союзе присутствует скрытый конфликт. Чаще всего идеализация отношений, как причина конфликта, тянется с детства.

8-й Дом — Дом секса и смерти (Реализация)
Для Королевы Воздуха секс скорее обязанность и потребность организма, чем что-то большее. Это не холодность, просто такова ее естественная природа.

Как уже было сказано, Королева Воздуха — хороший исполнитель, который проявляет себя лучше всего в добросовестно и вовремя сделанной работе. Она, как правило, в состоянии сделать то, за что возьмется. Пусть это будет не слишком быстро, зато качественно.

9-й Дом — Дом благочестия (Мораль)
Мораль и поступки Королевы Воздуха полностью определяются шаблонами ее воспитания. В этом она непоколебима. Никакие другие точки зрения на мораль даже не рассматриваются. Поэтому так важно родителям такого ребенка показать ему реальные жизненные ценности, без обмана и иллюзий.

10-й Дом — Дом царства (Карьера)
Карьера будет складываться удачно при условии, что руководить этим процессом будет кто-то другой — не сама Королева Воздуха. Лидерство ей дается психологически трудно и обычно бывает не под силу. Высот в карьере не достигает, а, дойдя до уровня комфортного существования, старается оставаться там настолько долго, насколько возможно.

11-й Дом — Дом добрых дел (Планы)
Построить дом, вырастить и обучить детей, не иметь материальных затруднений — в этом заключаются планы Королевы Воздуха. Как правило, эти планы реалистичны: от помывки пола до обучения детей, но нередко ограничены собственным представлением о том, как именно все должно быть. Обычно с Королевами Воздуха не спорят, а просто поступают в обход их мнения.

12-й Дом — Дом-темница (Недостатки и препятствия)
Семь раз отмерит, семь перемерит и отложит на утро. Утром еще раз все взвесит и уже без сожалений начнет думать... а может, еще раз все как следует взвесить?
Иногда устает от своей нерешительности и тогда способна на импульсивные и непродуманные шаги. Скорее всего, так она бунтует против собственной скованности и консерватизма.
Врагов практически не имеет, поскольку старается не мешать никому. А если и помешает, то постарается уладить конфликт раньше, чем он приобретет устрашающие формы.
Королева Воздуха — хорошая хозяйка и заботливая мать. Она спокойна и рассудительна, но при этом не способна на что-то большее. Впрочем, она и не стремится к этому, оставляя инициативу супругу, а сама предпочитает заниматься тем, что ей интересно.

Королева Земли: «А кому это нужно?»

1-й Дом — Дом жизни (Личность)
Для Королевы Земли все материальное и имущественное имеет главную ценность. Все вопросы решаются за деньги или при помощи денег. Все цели в жизни так или иначе связаны с деньгами, причем это совершенно не значит, что у нее их много. Однако она к этому страстно стремится.

Цинична, высокомерна и эгоистична. Использует людей, потому что считает, что люди используют ее.

2-й Дом — Дом прибыли (Доходы и владения)
Деньги — к деньгам. Королева Земли умеет зарабатывать и сберегать, не экономя. Любит делать подарки. Стремится к роскоши до вычурности и редко знает реальную цену и меру тому, чем пользуется. При этом не исключаются периоды застоя в поступлении денег и сидения на мели. Тогда она спокойно прибегает к кредитам, займам или отправляется в ломбард, поскольку искренне считает, что сможет все наверстать.

3-й Дом — Дом братьев (Ближайшее окружение, знакомые)
Общается Королева Земли в основном с представителями своей среды, которая ее полностью устраивает. Однако довольно часто ей становится скучно, поскольку кто-то оказывается лучше нее, и это угнетает, а кто-то оказывается хуже, и это забавляет лишь первые полчаса, позволяя насладиться своим преимуществом.

Для Королевы Земли в целом характерно потребительское отношение к людям, которое сквозит как в ее словах и жестах, так и в делах.

4-й Дом — Дом родителей
Заботу о родителях Королева Земли представляет только как обеспечение их бытовых нужд — чтобы были одеты-обуты и сыты. При этом сама забота чаще воспринимается как обуза, которую ей всячески хочется спихнуть на кого-нибудь другого. И если возникает такой шанс, то она не преминет им воспользоваться.

Почитание родителей практически отсутствует, что безмерно их огорчает.

5-й Дом — Дом потомков (Дети и творчество)
Творчество — не хлеб и не масло, так что проку от него мало — таково мнение Королевы Земли. Она не готова воспринимать мир шире, чем ее естественные потребности и нужды.

В юности она может попытаться заняться чем-то, но лишь для того, чтобы лишний раз удостовериться, что это бесперспективно.

С детьми отношения сложные. С одной стороны, Королева Земли старается быть заботливой матерью, с другой — непременно стремится получить отдачу, которая бы соответствовала ее представлениям. Из-за этого нередки придирки и конфликты. Дети часто стараются дистанцироваться от нее, поскольку желание использовать их в своих интересах — пугает, пусть даже неосознанно.

6-й Дом — Дом здоровья (Болезни)
Хороший образ жизни, здоровое питание, достаточно крепкое здоровье. Большое внимание Королева Земли уделяет своему организму. Но это в идеале. А поскольку все же есть сильное желание удовлетворять свои потребности, которые идут иной раз вразрез со здоровым образом жизни, то примерно к 30 годам плохое самочувствие начинает напоминать о себе. Часты болезни нервной системы. Существует риск несчастных случаев из-за невнимательности и нежелания следовать логике, а не эмоциям.

7-й Дом — Дом супруга (Партнеры)
Имущество внутри семьи делится между супругами, даже если они и живут вместе, то есть существует четкое разделение — «моя квартира, твоя машина». Брачные контракты — любимое занятие людей Земли. Могут возникать имущественные проблемы, вплоть до развода, если, например, супруг временно лишился работы и семью обеспечивает жена. Однако такой механизм присутствует, если брак заключен в рамках одной стихии. Если муж — Вода, которую часто «приобретают» Королевы Земли, то схема взаимоотношений получается весьма гармоничной. А конфликты, которые могут присутствовать в общении, не что иное, как выброс пара, и ничего серьезного за ними не стоит.

8-й Дом — Дом секса и смерти (Реализация)

В сфере секса масса перекосов и случайных связей, которые не украшают жизнь Королевы Земли. Секс очень часто ставится ею во главу угла, как одно из главных удовольствий в жизни.

Реализация и преумножение собственных наработок и возможностей, причем не всегда упорядоченное и гармоничное, характерны для Королевы Земли, поскольку она считает, что деньги «должны работать», да и все вокруг непременно должно работать.

9-й Дом — Дом благочестия (Мораль)

Интересы других соблюдаются Королевой Земли лишь в том случае, если это не противоречит ее собственным интересам. При этом она старательно изучает слабые и сильные стороны человека и стремится ими воспользоваться для собственной выгоды. В состоянии оправдать любую гадость или нарушение, на которое пошла не подумав, или из-за выгоды, или просто так, по прихоти. Просто потому, что считает это вполне приемлемым.

10-й Дом — Дом царства (Карьера)

В карьере основным критерием является возможность как можно больше зарабатывать.

Умение руководить и сотрудничать, а также пускать пыль в глаза, облапошивать, обводить вокруг пальца, покупать и продавать — характерные черты Королевы Земли. Однако поскольку карьера часто зависит от людей не самых глупых и недалеких, то часто ей приходится мириться с тем уровнем, на котором ей приходится находиться соответственно своим возможностям. Это практически всегда приводит ее в бешенство, поскольку она искренне считает, что ее недооценивают.

11-й Дом — Дом добрых дел (Планы)

Обеспечить своих детей и свою старость, не забывая о настоящем положении дел, — вот в общих чертах суть ее планов и целей. Королева Земли работает на перспективу, но при этом не забывает получать удовольствие от настоящего. Однако это не всегда получается так, как она хотела бы, поскольку планирование — не самая сильная сторона Королевы Земли.

12-й Дом — Дом-темница (Недостатки и препятствия)
Зацикленность на материальной сфере порождает проблемы во всех областях жизни Королевы Земли, которые не относятся к материи, поскольку не все можно решить за деньги. Часты конфликты и недовольство окружающими, которые не позволяют, чтобы ими манипулировали или изливали на них свое недовольство.

У Королевы Земли нет настоящих друзей, зато немало тех, кто готов использовать ее возможности и потенциал.

Королева Земли реальна и прагматична, она не готова поднять свой взгляд ввысь и интересуется только тем, что вполне осязаемо и может быть с успехом ею использовано. Общается с окружающими просто до примитивности, считая это своим неповторимым шармом.

Закончив рассказ о Королях и Королевах различных стихий, мы продолжим говорить о том, какие аномалии присущи этим типажам и как при помощи Таро Манара вы сможете их обнаружить.

ПСИХОЛОГИЧЕСКАЯ И СЕКСУАЛЬНАЯ СОВМЕСТИМОСТЬ МАСТЕЙ И ТИПАЖЕЙ

Последствия контактов несовместимых мастей

А теперь пора поговорить о том, в чем заключается значение принадлежности человека к той или иной масти-стихии, как выглядит взаимодействие различных стихий. Мы рассмотрим более точные схемы поведения человека в психологической и сексуальной сферах.

Иерархия мастей как отражение развития человека

В Таро существует так называемая иерархия мастей. Следует помнить, что вначале идет Вода, затем Воздух, далее Земля и в конце, или на самой вершине, Огонь, который является старшей мастью, самой сильной и сложной. Знание иерархии позволяет понять, как же на самом деле можно взаимодействовать с человеком. Так, например, с Огнем вопросы на равных решать может только Огонь. Всем остальным будет сложно, и чем ниже по иерархии они находятся, тем сложнее. Прошу не воспринимать разговоры об иерархии буквально, не соотносить это с кастовостью и прочими ненужными определениями. Просто так определено природой, но это совершенно не значит, что волк важнее зайца или наоборот.

Развитие человека. Формирование типажа

Когда рождается ребенок, то довольно сложно сказать, к какой стихии он будет принадлежать. Сложно потому, что ребенок примерно до 14-16 лет будет формировать ту схему поведения, которая ему удобна и будет соответствовать его потребностям на основании воспитания, которое он получает. Причем его стихия совсем не обязательно будет соответствовать стихии родителей.

В естественной схеме развития ребенка идет прохождение всех четырех стихий так, как указано выше. То есть от Воды к Воздуху, далее к Земле и в конце — к Огню.

Именно так и развивается человек. Но как показывает практика, становясь Землей в самом начале жизни, человек до старости проживает именно в этой стихии. Как максимум, он к своему базовому знаку добавляет что-то от вышерасположенного, если сознательно развивается, или от нижерасположенного, если деградирует.

Именно в связи с развитием или деградацией личности существуют так называемые смешанные знаки. Но это не совсем так. В базе, основе, личность так и остается принадлежащей к основной стихии, лишь дополняя какие-то компоненты другого знака.

Дружба-вражда стихий

Дружба и вражда стихий чрезвычайно важны для дальнейшего понимания того, как строятся или могут строиться взаимоотношения между людьми. На самом деле они предельно просты.

Огонь дружит с Воздухом, а Земля — с Водой
Это базовые, фундаментальные отношения. В иных видах, таких как Вода с Огнем, Воздух с Землей, отношения возможны на время или в связи с каким-то процессом. Затем они будут прекращены, причем по добровольному решению обеих сторон или вследствие конфликта. Но отношения непременно закончатся. Об этом стоит помнить, когда вы пытаетесь оценивать качество и перспективы союза, пары.

Так что делайте выводы. Если, к примеру, вы — Воздух, а с вами хочет сблизиться Земля, то цель Земли — получение выгоды, желание как-то использовать вас.

Впрочем, если речь идет о работе, партнерстве, то такие взаимоотношения, то есть общение «недружелюбных» знаков, вполне допустимы, поскольку главная идея союза — обоюдная выгода. Однако и там будет немало конфликтов. Ужиться все же можно, если пытаться смотреть на мир глазами другого знака. Не уподобляться или переходить на его язык, поскольку мы уже знаем, к чему это ведет. А попытаться понять его мотивацию. Причем если сделан вывод, но он непонятен или вызывает недоумение, то он верен! Просто таково мышление человека чужой стихии.

Для детей, которые получают воспитание от родителей, принадлежащих к конфликтным знакам, это и хорошо, и плохо. Плохо, конечно, тем, что конфликты неизбежны. Более того, они могут привести к «перевороту» с указанными последствиями. Но хорошо тем, что такую школу ребенок не забудет никогда.

Учиться, но не уподобляться

Уподобление или подражание поведению другого знака считается большим вредом для развития человека. Но вредом является лишь неверное поведение, а вот правильное и корректное поведение сможет дать впечатляющий результат.

Рыба не может ходить
Как мы уже говорили, человек выбирает ту стихию, которая ему соответствует по массе показателей. Но в то же время человек может ощущать нехватку чего-то, что есть у другого человека. Например, ему нравится то, как Вода умеет произвести впечатление на противоположный пол. Но если он начнет копировать поведение Воды, то это приведет к тому, что он получит дезориентацию относительно собственной жизни. Ведь не стоит забывать, что поведение накладывает отпечаток на решения, которые принимает человек, и, следовательно, на результаты этих решений.

Но как же быть, спросите вы, если хочется не только реализовать в себе качества, присущие вашему знаку, но и привнести в жизнь что-то из типажей других стихий? Об этом мы поговорим чуть позже.

Рыба может летать
Помимо уподобления как проявления интереса есть и уподобление как стремление к развитию. Мы уже говорили о том, что человек стихии может развиваться, при этом оставаясь той стихией, к которой принадлежит изначально.

Именно этот способ и эта мера поведения является наиболее приемлемой для того, чтобы получить желаемый результат.

Нужно ли Воздуху вести себя как Вода? Нет, но если есть желание, то можно вести себя как Воздух, используя элементы Воды. Это непросто, поскольку необходимо примерить поведение Воды на себя, адаптировать. В этом случае Воздух приобретает еще один жизненный навык, не скатываясь в своем развитии вниз.

Теперь мы поговорим о том, как выглядит общение стихий между собой в психологической и сексуальной сферах. Для каждого союза будет дан так называемый поведенческий девиз, который позволит лучше понять суть описанных взаимоотношений.

Огонь с Огнем. Сила
Взаимоотношения непростые. Периоды затишья и гармонии сменяются периодами активности.

И если цель одна, а взгляды различны, то возможны серьезное противостояние и конфликты на фоне продвижения к цели.

В качестве смирительного средства помогают логика и здравый смысл. А также некоторая изоляция одного от другого.

Секс так же, как и взаимоотношения, совершенно непредсказуем. Его может быть то мало, то много, то он разнообразен, то вполне предсказуем. Все зависит от настроя пары или одного из партнеров. А также от того, что на самом деле нужно человеку.

Огонь, несмотря на внешнюю активность, весьма сдержанный знак, который способен контролировать свои эмоции.

Огонь с Воздухом. Дружба
Взаимоотношения достаточно ровные и спокойные, если Воздух точно осознает, что старший в паре — Огонь. Это естественное положение вещей, которое нужно принимать и которому следует подчиняться, так же как и подчиняться некоторым требованиям Огня. В ином случае Огонь начнет давить в прямом смысле слова, заставляя Воздух делать так, как хочет Огонь.

Союз может быть неплох, поскольку Огонь может задаться целью и активно двигаться к ней, а Воздух будет влиять на качество достигнутой цели.

Секс может не всегда устраивать Воздух, поскольку сегодня Огонь хочет активности, а завтра спокоен и пассивен. А Воздуху требуются стабильность и упорядоченность во всем. И тогда гармония возможна только на основании разумного компромисса.

Огонь с Землей. Покровительство
На самом деле такой союз вполне реален и дает пользу обоим знакам. Земля от общения с Огнем получает моральную поддерж-

ку, так называемое сильное плечо, которого ей может не хватать. Также от Огня Земля получает массу идей, которые даже не приходят ей в голову. Она как бы обогащается практическими знаниями и возможностями.

Для Огня такой союз дает прежде всего материальную подпитку за счет возможностей Земли. Но часто он бывает обузой, поскольку многие методы Земли для Огня просто чужды. И тут приходится либо закрывать глаза, либо расставаться.

В сексе довольно сильны разногласия. Земля любит разнообразный секс. Огонь же во многом зависит от настроения. Поэтому в такой паре возможны несовпадения интересов и конфликты, которые приводят к расставанию.

Огонь с Водой. Изучение
Взаимоотношения могут носить только временный характер. Причем оба знака могут быть крайне заинтересованы друг в друге, поскольку каждый из них видит диковинку. Огонь, не понимая Воду, с интересом может изучать ее. То же делает Вода, восхищаясь Огнем. Это изучение длится недолго, поскольку Огню надоедает избыточная эмоциональность Воды, а Воде — прагматичность Огня и нежелание ею восхищаться.

Секс для них — только способ провести время, и то только после согласия Огня. Он принимает решение и может делать это с интересом или с кажущейся покорностью, чтобы не усугублять конфликт. Но интерес сменяется скукой, а покорность надоедает. Как и отношения.

Вода с Воздухом. Люди разных вселенных
Взаимоотношения этих знаков достаточно странные, поскольку у каждого — свой интерес и свои цели в жизни. Воздух стремится все упорядочить, а Вода — разбросать. Это часто приводит к серьезным конфликтам и выяснениям отношений. Такое взаимодействие в браке практически не встречается, а в жизни возможно лишь по рабочим вопросам, когда ситуация вынужденно сводит вместе эти знаки.

Секс между ними возможет лишь тогда, когда Воздух попадается на удочку любвеобильной Воды, которая ищет приключений.

Или тогда, когда Воздух ищет чего-то нового. Но это отношения любовников, но не пары как таковой, где каждый стремится удовлетворить свои потребности, но не жаждет гармонии.

Вода с Землей. Вечные любовники
Это одна из классических схем поведения, где каждый получает то, что он хочет. Земля черпает из Воды моральное удовлетворение, а Вода получает реальную выгоду и возможность делать то, что ей нравится. Такие пары обычно имеют существенную разницу в возрасте, где Вода, независимо от пола, всегда младше Земли.

Секс бурный и активный, с массой отступлений от классической манеры и экспериментов. Но, что часто бывает в паре, партнеры перестают устраивать друг друга достаточно быстро. И тогда возможны конфликты либо измены, которые дают новый всплеск отношениям внутри пары.

Вода с Водой. Омут
Взаимоотношения в такой паре можно назвать ужасающими. Но это если посмотреть со стороны. Внутри же люди получают именно то, чего они хотят. А хотят они эмоций, новых переживаний, обсуждений, мнений и снова эмоций. Каждый день — театр или цирк, в зависимости от амплуа. Но отношениям в такой паре не суждено существовать долго. Чаще всего Вода находит другой знак как отдушину или средство для переключения внимания. А потом, найдя повод, находит и средство для расставания.

Секс страстный и безудержный, который сменяется покоем и блаженством. Однако он быстро становится приторным и пресным, поскольку один день похож на другой. А это для Воды — застой и возможность протухнуть.

Воздух с Воздухом. Крепкая семья
Взаимоотношения ровные, без эксцессов и скачков. Возможны сцены ревности или взаимной подозрительности, чтобы хоть как-то оживить спокойствие и порядок в отношениях. Люди уважают друг друга, заботятся, но слишком придирчивы, что вызывает раздражение. Дом, семья и быт для них важнее всего на свете.

Секс спокойный, «по расписанию». Причем его активность год от года сходит на нет, к взаимному удовольствию партнеров. Они могут искать контакты на стороне, но чрезвычайно редко и только для того, чтобы лишний раз убедиться, что его партнер самый хороший.

Воздух с Землей. Роман с домохозяйкой
Взаимоотношения неровные. Воздуху нужен порядок, а Земле — выгода. Выгода от Воздуха лишь одна — наведение порядка во владениях Земли. Поэтому мы и назвали такое общение «романом с домохозяйкой или управляющим», поскольку иного между этими знаками быть не может.

Секс возможен, но лишь как средство приятно провести время. Причем Воздух может отнестись к нему как к способу укрепления отношений, а Земля — как средству развеять скуку. В целом это разные типажи и, соответственно, разные интересы.

Земля — Земля. Семейный бизнес
Взаимоотношения между такими людьми построены на принципе взаимной выгоды. Любовь и привязанность обычно отходят на второй план, уступая место имущественным и материальным обязательствам. Они могут заниматься одним делом, и их общение является способом укрепления такой связи.

Секс присутствует, но часто не приносит полного удовлетворения. Поэтому пытаются внести в эту область отношений разнообразие, а если не получают удовлетворения, то стараются найти нового партнера, не разрушая имеющейся связи.

Итак, вы узнали о различных личностных типажах, связанных со стихиями, а также о том, на каких принципах они строят свое общение. Теперь можно перейти к разговору о том, что означает естественное и неестественное поведение людей, разобраться в мотивах их поступков и выяснить, каким образом строить гармоничные отношения.

ПРЯМЫЕ И ПЕРЕВЕРНУТЫЕ МАСТИ

Настало время поговорить о персональных картах Таро, которые в раскладе могу появляться в перевернутом виде. Это знакомые нам Короли и Королевы всех мастей, но не в прямом виде, а в перевернутом. Переворот масти, будем называть это таким термином, приводит к тому, что полностью меняется характеристика, значение карты. Но помимо этого меняется что-то и в жизни человека, на которого гадают. И прежде чем вдумываться в значение и искать смысл каждой карты, стоит разобраться, что же происходит с человеком, когда его карта отображается в перевернутом виде.

Почему человек меняется?

Первое, что стоит сказать о причинах, которые повлияли на перемены в жизни человека, — это то, что он совершил ошибку и продолжает двигаться в неверном направлении.

Другими словами, в силу определенных причин человек начинает вести себя не так, как должен вести в обыденной ситуации. Можно спросить: что значит «должен»? Конечно, по сути, он никому и ничего не должен, но привычка, психологический профиль, манеры — все это диктует ему определенные схемы поведения. Мы о них уже говорили и привели примеры для каждого из 12 Домов. А вот когда карта «переворачивается», она указывает на сбой в такой схеме. Человек мало-помалу начинает терять контроль над собой и своими поступками, но, сохраняя схемы поведения, похожие на обычные, искажает их. Это приводит к тому, что его поведение перестает быть характерным для его типажа.

Приведем несколько примеров.

Возьмем Королеву Воды. Она, как известно, эмоциональна, привыкла все получать при помощи капризов, скандалов, истерик. В принципе, куда уж хуже, скажете вы. Да, хуже некуда. А вот если карта переворачивается, то все эти действия не дадут результатов и не принесут никакого эффекта. Да-да, я подчеркиваю, что эффект от всех этих мыльных опер раньше имел место, они, как говорится, работали. Но вдруг перестали.

Такая дама теряет контроль над ситуацией и тем, что она в ней делает. Чаще всего это заканчивается депрессиями — периодом эмоционального слома, который может «успокоить» человека, вернуть ему былые возможности, но также и способен завести его в психологический тупик.

Или, к примеру, Король Земли, человек, который привык искать и главное — получать выгоду от своих действий, все и везде мерить земной меркой. Так вот, когда он «переворачивается», то это значит, что он теряет свои деньги. Он начинает совершать ошибки, теряет чутье на выгоду.

Итак, переворот масти или начало череды ошибок возникает тогда, когда в привычной для себя ситуации человек, принадлежащий к определенному типажу, демонстрирует несвойственное ему поведение. Как если бы человек вдруг перестал говорить на привычном ему родном языке и заговорил на чужом, которого и сам бы не понимал.

Как увидеть переворот масти?

Каждый переворот масти в первую очередь отражается на 1-м Доме человека — Личности. И увидеть это достаточно просто.

Давайте посмотрим описание мастей в свете изменений привычной им психологической ориентации. Поскольку Королевы и Короли в перевернутом виде будут иметь схожую характеристику, то делить, как это делалось раньше, не имеет смысла.

Перевернутый Огонь. Спонтанная и бесконтрольная агрессивность, вспыльчивость. Подсознательное желание спорить и конфликтовать. Избыточная жесткость и грубость в общении. Злоупотребление силой и властью.

Перевернутая Земля. Потеря денег, причем не единовременная (что не является показателем), а стабильная и постоянная. Потеря чутья на выгоду, которая связана с потерей денег. Суетливость, скупость, стремление экономить на всем или все получить задаром.

Перевернутый Воздух. Бессвязная речь и нестройные мысли, которые бывает сложно донести до собеседника. Безыдейность, апатия и, как следствие, подавленность, выраженная в абсолютном нежелании что-либо делать. Неопрятность и безразличие к своему внешнему виду.

Перевернутая Вода. Капризы, скандалы и ссоры — стандартные методы манипуляций не дают эффекта, поскольку несвоевременны или плохо реализованы. Депрессия, внутренняя озлобленность, отстраненность могут вылиться в попытку суицида.

Заметив подобные проявления в человеке, вы сможете понять, что с ним на самом деле происходит.

Как происходит переворот масти?

Перечислим ситуации, при которых происходит «переворот». Это позволит вам достаточно быстро найти причину возникновения проблем и позволить создать нужный «рецепт» в виде совета или рекомендации.

Общение с «чужими»

Общение с «недружественной» мастью и уподобление ее поведению. Это можно назвать подражанием. Напомню, что такой мастью для Огня и Воздуха является Вода и Земля, и наоборот. Это может заключать определенную опасность, поскольку связь со своей естественной моделью поведения потеряна, а новая модель, особенно конфликтной масти, не может быть применена в силу реальных природных законов. Не может хищник стать травоядным, а водоплавающее — комфортно чувствовать себя на суше. И мы, хочется нам этого или нет, вынуждены придерживаться той схемы поведения, которая является для нас естественной.

Новый жизненный этап

Следующей причиной сбоя является начало нового жизненного этапа. И в этом случае происходит дезориентация, поскольку привычные схемы поведения и поступков перестают давать тот результат, на который рассчитывали. Как, например, первоклассник, перейдя во 2-й класс, уже не может оперировать старыми данными, не может их адаптировать под новые условия, а вынужден учиться по-новому применять то, что имеет на этом этапе.

Да, это тяжело, непросто — учиться тогда, когда уже кажется слишком поздно, и бывает, что люди срываются, и тогда масть «переворачивается». Человек начинает вести себя совершенно иначе. Но это только усугубляет положение вещей.

Единственно правильным решением будет переучиваться, использовать свои возможности по- новому, в соответствии с новым уровнем.

Нежелание развиваться

Внешнее влияние, которое может быть компенсационным фактором неудавшегося перехода, произошедшего из-за непринятия человеком перемен, происходящих в его жизни. Это следствие вышеописанной ситуации, когда человек не смог или не захотел измениться, и тогда жизнь взяла все в свои руки.

В таких случаях обычно говорят «жизнь учит». Человек теряет ориентацию так же, как при переходе на другой уровень развития, но не потому, что развивается, а как бы «в наказание», для того чтобы он всерьез задумался.

Иногда такую ситуацию называют последним шансом, поскольку в этот непростой период можно исправить ошибки и сделать свою жизнь лучше.

Итак, переворот масти, который всегда означает потерю ориентации, ошибочность и неуверенность в себе, происходит из-за того, что человек начинает применять в жизни несвойственную ему схему поведения, по сути, примеряет чужую одежду. Достаточно просто на первый взгляд. Но в жизни все гораздо сложнее, поскольку для человека такой переворот в буквальном смысле означает переворот с ног на голову. И обрести понимание и осознание происходящего бывает очень и очень непросто. Но нет ничего невозможного, особенно если вы понимаете причину происходящего и следуете тем подсказкам, которые дают вам Таро и жизнь.

Это все, что хотелось рассказать вам на данном этапе изучения моделей поведения человека при помощи карт Таро. А сейчас мы продолжим свой рассказ о природе человека, но уже в более практическом ключе. Поговорим о том, как суметь распознать в человеке все то, что мы описали. Как верно расставить акценты и посмотреть на ситуацию под нужным углом зрения.

ПРЕДСКАЗАТЕЛЬНАЯ РАБОТА С КАРТАМИ ТАРО

Приступая к работе с картами

Если вы собрались гадать, а точнее, предсказывать при помощи карт Таро, то для этого есть определенные причины. Их суть сводится к тому, что вы хотите разобраться с тем, что происходит в вашей жизни, но при этом в вашем арсенале недостаточно информации и способов ее обработки. Звучит немного жестко, но на самом деле эта фраза точно отражает то, что вам придется делать с информацией, которую вы будете получать при помощи карт.

Никто, кроме вас, не в состоянии понять, о чем именно говорят вам карты. Но не потому, что нет такого великого таролога или предсказателя, который бы не смог вам помочь. Речь не об этом, а о том, что он не проживет за вас вашу жизнь, не сделает за вас выбор или не откажется от него. Да и адаптация информации под ваше мировосприятие невозможна без вашего участия. К чему это я? А к тому, что Таро заставит вас как следует покопаться в себе. Но это хорошо, даже замечательно! Гораздо лучше сделать этой сейчас, чем когда жизнь поставит перед вами вопросы ребром.

Перейдем же к тому, что сделает вашу практическую работу более качественной и осмысленной.

Виды карт. Выбор колоды

Для того чтобы выбрать колоду, необходим сам факт выбора. Если у вас есть такая возможность — выбирайте, поскольку именно выбор, как часть поиска понимания самого себя, чрезвычайно важен.

Таро бывают двух видов: графические (художественные) и символогические.

Графические — карты Старшего и Младшего Арканов — представлены в виде картин, содержащих сюжетную символику, которая позволяет трактовать смысл и значение карты, даже не зная классических трактовок. Как исключение — колоды-абстракции, где понятный сюжетный символизм заменен на абстрактные картинки, которые можно лишь внутренне ассоциировать с чем-то, что происходит в вашей жизни.

Символогические — карты Старшего Аркана — представлены в виде известных нам карт-сюжетов, а вот Младший Аркан — только в виде классических символов мастей: Жезлов, Мечей, Пентаклей и Кубков. И никакого сюжета нет. Для того чтобы гадать на таких картах, вам придется заучивать их значения.

Что выбрать? То, что вам нравится, ведь каждому свое. И не беда, если колода будет неудачной, зато вы точно будете знать, что это — не ваше.

Я лично предпочитаю графические Таро, поскольку они дают свободу в понимании и интерпретации сюжета. Это — с одной стороны. А с другой — они побуждают вас разобраться в том видении, которое продемонстрировал художник. И если есть внутреннее сходство, понимание и согласие, то эффект от такой работы будет колоссальным.

Но есть и те, кто не может работать с такой колодой: говорят, картинки им мешают. Возможно, они просто не подобрали еще свою колоду либо им проще держать в голове значения карт, не отвлекаясь на сюжет. Каждому свое, поэтому мы и говорим о двух направлениях в Таро, чтобы вам было легче сориентироваться.

Ниже я привел образцы нескольких колод. Почему я выбрал именно их? Одни из них являются классикой Таро, другие — просто понравились. Но если вам они не нравятся и непонятны, то это ровным счетом ничего не значит. У вас свое видение.

Вечности Фараона Рамзеса

Данные карты интересны тем, что обилие египетского символизма не только делает их предсказательным инструментом, но и позволяет использовать в магической практике, тем самым расширяя спектр работы с колодой.

Марсельское Таро

Это классика símвологического Таро. Скупые рисунки и скромное оформление.

Таро Уэйта

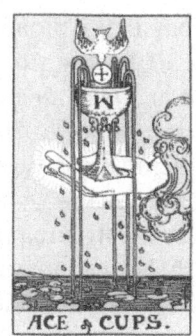

Это универсальная колода, потому что является комбинированной, содержащей два стиля — символогический и графический. Также универсальной ее делает то, что она достаточно ясно и в то же время емко аккумулирует те достоинства, которыми обладают предсказательные Таро.

Таро Манара

Эротические карты Таро Манара названы по фамилии их создателя — художника Мило Манара. Но с самого начала мне хочется, чтобы вы правильно поняли то, что скрыто или заключено в этой колоде, и чтобы истинный смысл слова «эротика» не смешался с другими словами, которые находятся поблизости. Если посмотреть в Малый энциклопедический словарь Брокгауза и Ефрона, то можно прочитать следующее: «Эротика (от греч. *eros* — любовь, страсть) — учение о любви; эротический — имеющий своим предметом любовь (поэзия эротическая)...»

Именно об искусстве любви, правилах отношений между мужчиной и женщиной, эмоциях и многом другом, что объединяет пару в единое целое, и говорит эта колода. Она уникальна. Уникальна тем, что до нее не существовало карт Таро, которые бы акцентированно рассматривали мир чувственных взаимоотношений между мужчиной и женщиной. И Мило Манара удалось сделать это. Более того, он изобразил человеческие чувства не в виде застывшего сюжета, а как бы в развитии, сделав колоду поистине живой.

Теперь мы сделаем еще один шаг к тому, чтобы научиться предсказывать.

ОСНОВНЫЕ ПРАВИЛА РАБОТЫ С ТАРО МАНАРА

Как и у каждого магического инструмента, у Таро есть свои правила работы, которые следуют соблюдать, если вы хотите получить хороший результат и не витать в облаках иллюзий, которые часто посещают любителей гадания на картах.

Помните, что работа с Таро — не гадание, а попытка рассмотреть и увидеть то, что скрыто от нас, то, что мы не видим из-за своего нежелания видеть, а также то, что ждет нас впереди. Но не потому, что это наша прихоть, а потому, что это действительно важно. Ведь Таро Манара рассказывает нам об очень важных вещах — о том, что происходит в душах людей, которые любят и стремятся максимально выразить свои чувства. Таро Манара поможет разобраться в этом, а мы расскажем, как это сделать.

Что необходимо

1. Прежде чем заниматься предсказаниями (я заменяю этим словом слово «гадать», поскольку оно в корне неверно и неприменимо к предсказательным практикам), приведите себя в состояние внутреннего покоя. Если вас что-то раздражает, беспокоит, отвлекает, независимо от того, проблема ли это, которую вы решаете, или разговоры за дверью, вам необходимо избавиться от состояния напряжения или от раздражителя. В любом другом случае этот раздражающий фон отразится на результате.

Постарайтесь войти в состояние внутреннего спокойствия хотя бы один раз.

Запомните его — оно будет служить для вас эталоном или неким шаблоном, который вы сможете со временем воспроизводить, чтобы быть уравновешенным и способным к активному мыслительному процессу в любой, даже экстремальной ситуации.

2. Если вы рассматриваете проблему, которая важна для вас и эмоционально близка, то информация от просмотра может повлиять на вашу жизнь или жизнь ваших близких. Вот почему ре-

комендации первого пункта становятся важными вдвойне, хотя и сложновыполнимыми.

Вспомните намеренную ошибку. Эта ситуация из этого же разряда. Но и здесь можно дать несколько рекомендаций.

— Сформулируйте внутренний тезис-отношение, который применим к этому случаю и к подобным ему. Звучит он так: «Если я вижу ситуацию так, как она есть, я могу ею управлять. И если мне что-то не нравится, то это поправимо. Цель просмотра — увидеть реальность, независимо от того, какова она».

В действительности это так, поскольку невозможно изменить то, что уже наступило или было в прошлом, но возможно изменить то, что будет. Именно этим и занимается магия, используя предсказательные техники с этой целью.

— Постарайтесь абстрагироваться от ситуации. В действительности ее создают люди-персоны. Но если условно заменить реальное лицо на X, или Y и т. д., то можно нейтрализовать этот раздражающий фактор.

3. Не садитесь смотреть или думать, если вы несобранны или не готовы, прежде всего внутренне. В Таро применяется такой подход. Если вы работаете со Старшим Арканом, то перетасуйте колоду и задайте вопрос: «Колода работает?» — и достаньте карту наугад. Если карта позитивная, то все в порядке. Если негативная или колеблющаяся, то вам стоит привести свои мысли и эмоции в порядок.

Понятно, что вопрос условен. Его можно задать иначе: «Готов ли я?» Или что-то в этом роде. Важен ответ как отражение состояния. Причем эту проверку вы можете проводить не только в самом начале практики, но и в процессе.

Если вы работаете с полной колодой, то ответом на вопрос служит любая карта Старшего Аркана. Но она дает и некоторую подсказку. Например, Дьявол будет в любом случае говорить о том, что вы готовы к получению информации, но у вас есть некоторая зависимость от процесса. То есть стоит быть настороже.

Конечно, с колодой Манара можно работать и разделив Старший и Младшие Арканы, но это категорически неверно, поскольку в данном случае этот подход лишит вас видения всей полноты картины.

4. В различных раскладах Таро есть так называемые проверочные схемы, которые применяются для проверки качества ин-

формации. Их применение непросто, но оно значительно повышает качество получаемой информации.

Эти тонкости будут обсуждаться в самих раскладах. Вам же важно помнить о том, что проверять необходимо всю информацию, которую вы получили. Особенно если информация важна настолько, что на ее основании вы планируете сделать какой-то шаг.

ОСВЯЩЕНИЕ, ХРАНЕНИЕ, ИСПОЛЬЗОВАНИЕ КАРТ

Три слова, о которых стоит поговорить более подробно, поскольку за каждым из них стоит процесс, который может повлиять на результаты вашего предсказания. А поскольку ваша цель — получить верный результат, то вы, несомненно, с вниманием прочтете наши инструкции.

Освящение

Обряд, который проводится при покупке новой колоды карт. Он не имеет ничего общего с религиозным обрядом освящения вещи, так что у тех, кто переживает по этому поводу, душа может быть спокойна.

Освящение необходимо прежде всего для того, чтобы получить нужный настрой. Это процесс небыстрый и требующий от вас определенной концентрации. Так что необходимо быть в хорошем расположении духа и обладать достаточным количеством времени.

1. Знакомство

Даже если это не первая ваша колода Таро Манара, она, несмотря на схожесть с предыдущими колодами, уже обладает определенной энергетикой и отличается от других колод. Вам стоит познакомиться с ней так, как будто вы видите ее в первый раз.

Возьмите колоду и описание карт. Перемешайте ее, как перемешивают домино, чтобы карты расположились в произвольном порядке. А затем вытащите первую карту и прочитайте ее описание.

Постарайтесь почувствовать внутри себя то, о чем идет речь. Вдвойне хорошо, если описание и изучение карты вызовет у вас какие-либо ассоциации и воспоминания. Сделайте глубокий вдох и на несколько секунд закройте глаза, как бы «переваривая» энергию, с которой вы ознакомились.

После этого можете переходить к следующей карте. Так вы познакомитесь со всей колодой.

2. Благодарность
В завершение сложите все карты в стопку и сожмите их двумя руками, разместив на уровне сердца. Мысленно поблагодарите Высшие Силы за то, что они дали вам возможность получить такой инструмент для получения предсказаний.

После этого можно приступать к работе с колодой.

Хранение

В хранении карт Таро нет ничего особенного, сверхъестественного. Это всего лишь инструмент. И если вы заботливы и внимательны к нему, то так же отнесетесь и к тому, что он помогает вам увидеть и понять. Поэтому решите самостоятельно, как и каким образом вы будете хранить карты, — в шкатулке или в мешочке, в коробке из-под карт или в кожаном футляре? Все это лишь отражает ваше отношение к картам.

А вот об их использовании стоит поговорить более подробно.

Использование карт

Использование карт не менее важно, чем настройка на работу с ними и интерпретация предсказаний. От того, насколько чиста ваша колода и хорош ваш настрой, зависит результат предсказания.

Проверка настроя
Перед тем как вы собираетесь начать работу с колодой, узнайте, насколько вы к ней готовы. Перетасуйте карты и задайте вопрос: «Карты врут?», а затем достаньте одну карту наугад. Если карта положительная, то ваш настрой хороший. Если отрицательная, то ваш настрой плохой и вам следует перенастроиться. Для этого сложите карты в стопку и, сжав двумя руками колоду, расположите ее на уровне сердца. Закройте глаза и медленно дышите. Старайтесь ни о чем не думать несколько минут. После этого перетасуйте колоду и повторите вопрос. Если ответ будет поло-

жительным, то это значит, что вы смогли справиться с собой и правильно настроиться на работу с картами.

Чужие руки и чистота карт

В самом деле, колода карт должна быть чистой. Но ее чистота — это чистота энергии, которую она несет. Вы сможете очистить колоду или содержать в чистоте, если будете работать с ней только чистыми руками. Грязь, попадая на колоду, не только пачкает ее, но и создает слой негативной информации, которая становится как бы барьером для работы с предсказаниями. Он начинает искажать информацию, незаметно вплетаясь в предсказательный процесс. Так что мойте руки перед предсказанием, работайте на чистом столе. И конечно, старайтесь не давать свои карты в чужие руки. Но если такое все же произошло и колода загрязнилась, то есть у вас никак не получается на нее настроиться даже после двух раз, то это значит, что ее пора очищать.

Возьмите хорошую воду — ключевую или в крайнем случае кипяченую — и при помощи ватки протрите каждую карту с двух сторон. Затем, когда все подсохнет, сложите колоду в стопку и, поместив на уровне сердца, постарайтесь почувствовать ее настрой. В большинстве случаев все удается.

Но иногда очистить колоду невозможно. Тогда ее придется заменить. Поверьте, это проще и лучше, чем получать искаженную информацию.

ИНСТРУКЦИЯ ПО ПРЕДСКАЗАНИЮ

Мы уже готовы заниматься предсказаниями, получать ответы на те вопросы, которые стоят перед вами? И мы подводим вас к тому, чтобы вы начали это делать, но делать так, чтобы все было правильно. Для это вам необходимо ознакомиться с инструкцией по предсказанию, которая расскажет вам обо всех ключевых моментах.

Постановка вопроса

Это один из самых сложных и необходимых компонентов любого анализа, размышления. То, что карты Таро помогают размышлять, обдумывать и подсказывать пути решения задач, ни для кого не секрет. Но вся их помощь и возможности могут так и остаться невостребованными по одной простой причине — непонимание или нежелание оператора посмотреть на ситуацию с разных сторон. То есть нежелание видеть все, что можно увидеть, а не только то, что интересует или кажется значимым.

Ведь, используя Таро как дополнительный источник информации, мы ожидаем именно новой информации, нового, а не старого взгляда и видения проблемы. Именно к этому и необходимо быть готовым. Конечно, есть те, кто пытается использовать, пусть и неосознанно, Таро как подтверждение своих мыслей, тем самым уходя все больше и больше в иллюзию, отказываясь от возможности получить реальную поддержку.

Помните, что в 99 % случаях при работе с Таро обманывается сам человек. Именно исходя из этого необходимо четко и ясно представлять всю ситуацию, относительно которой вы собираетесь получать информацию.

Приведем пример, в котором есть масса информационных пробелов. Мы можем заполнить их информацией, полученной при помощи Таро.

У меня нет друзей. Вернее, они были, но дружба как-то внезапно заканчивалась... С одним своим другом я поссорился из-за того, что он очень обидел меня, и за это я его не смог простить, да и не смогу, наверное. Другой Друг уехал жить за границу, и я остался в одиночестве. Из-за этого у меня бывают частые депрессии. Конечно же у меня есть знакомые, которые учатся со мной в институте, но они все живут далеко и наше общение ограничивается стенами вуза или происходит во время редких встреч... Наверное, мне просто не везет, но я не хочу в это верить. Возможно, стоит постараться найти причину в самом себе...

Вопросы, которые нужно задать, чтобы понять картину сложившейся ситуации.
1. Почему закончилась дружба с первым другом?
2. Какие поступки автора повлияли на поступок его друга?
3. Как сейчас относится автор к этому человеку?
4. Как относится автор к другу, который уехал за границу?
5. Каково эмоциональное состояние автора?
6. Как складываются отношения автора с сокурсниками?
7. Как автор относится к встречам с ними?
8. Как автор относится к новым знакомствам?
9. Почему у него нет друзей?

Как видите, самый важный вопрос ставится в конце. Причина этого, думается, вам ясна. Если задать столь сложный вопрос в самом начале, то ответ, какой бы он ни был правильный, будет непросто оценить с точки зрения поступившей информации. А так нам станут известны скрытые мотивы его взаимоотношений с прежними друзьями, взаимоотношений с однокурсниками, его отношение к дружбе и людям вообще.

И ответ на последний вопрос, если предыдущие были поняты правильно, будет скорее проверочным, потому что если не к 7-му, то к 8-му вопросу точно вывод сформируется сам собой.

Подведем итог нашего первого разговора о вопросе.

Вопрос — 50% ответа. Если у вас нет этой половины, то вывод один — ее необходимо найти. В ситуациях, предшествующих вопросу, в тех малых вопросах, которые возникли в разбирательстве, не имеет значения. Важно, чтобы вы были готовы искать и видеть информацию, независимо от того, считаете ли вы ее важной или нет.

И последнее. Всегда есть шанс, которым можно и нужно пользоваться, если вы зашли в тупик. Вы можете задать вопрос: «Что мне еще надо знать относительно этой темы (вопроса, ситуации)?» Иногда ответ на вопрос бывает очень необычным.

Ответ

Он представляет собой не менее сложный и ответственный момент работы, поскольку Таро не является точным инструментом с точки зрения материального мира. Это не пробник, показывающий «да» или «нет». Ответ Таро чаще всего содержит массу дополнительной информации, понимание которой важно с точки зрения общего осмысления ситуации.

Казалось бы, дало Таро ответ на вопрос «да» или «нет» — и все было бы ясно. Ясно-то оно ясно, но помимо этой скупой и чаще всего бесполезной информации у вас начинает появляться картина ответа, всей ситуации. Мы об этом уже говорили в теме «Вопрос». Однако никто не гарантирует (и вы должны это четко понимать), что вы задали правильный вопрос. Кроме того, точное попадание ответа на вопрос позволяет вам контролировать процесс, преобразуя гадание/предсказание в анализ, четкое и логичное видение ситуации.

Ответ может содержать несколько больше информации, чем необходимо при первом взгляде на ситуацию. Не обязательно продумывать и просматривать ситуацию дальше, но помнить полученную информацию желательно.

И еще одна подсказка, которая позволит вам видеть ответ таким, какой он может быть. Если трактовка карт не выстраивается в единую логическую цепочку, то перед вами могут быть два варианта ответа. В таком случае необходимо изменить вопрос, разделив его на две части. Либо рассмотреть ситуацию, описанную Таро, в виде двух отдельных ответов.

Как связать иформацию

Об этом мы уже говорили, но теперь подойдем к объяснению с совершенно с другой стороны.

Первое. Давайте на время забудем о Таро. Для нас сейчас важно то, что любая информация, поступающая к нам из окружающего мира, обладает некой ключевой составляющей, без которой она не может и не будет существовать. И основная наша задача — увидеть и понять эту суть.

В ситуации, где нагромождена масса различных составляющих, сделать это непросто, поскольку наше сознание выхватывает только то, что понятно, пытается осмыслить так, как привычно. И в результате полученная картина, проходя через фильтр нашего восприятия, сильно меняется, искажается. Казалось бы, в нас есть этот фильтр и мы не можем ничего с ним сделать, поскольку он формировался годами, он важен и нужен нам. И это правда. Но правда и то, что этот фильтр продолжает формироваться и по сей день. Ваша задача — осознать этот процесс и принять в нем непосредственное участие.

С чего начать? Лучше, проще и понятнее начать с осознанного восприятия процессов окружающего мира. Попытаться вникнуть в уже знакомые вещи и понятия с точки зрения не только описания, но и понимания сути, некоего элемента, вокруг которого базируются все остальные проявления.

Возьмем, к примеру, слово «пастух» — работник, пасущий скот. Суть этого слова в ситуации заключена в слове «скот», которым работник управляет. Нет скота — и все действия человека, названного пастухом, не будут иметь никакого отношения к его профессии.

Далее, слово «молочник» — кувшин для хранения молока. По сути, емкость, в которую можно налить или поместить любую жидкость. И без продукта, ради которого был изготовлен это предмет, он так и останется просто емкостью.

И так далее по списку, который несложно составить самостоятельно и начать вычленять суть предмета. Именно эта суть и позволяет связывать его со всем остальным в ситуации.

Посмотрим на следующее. *Голова — Ботинки.*

Сопоставив одно с другим, получаем: «*думай, куда идешь*».

На основании чего сделан такой вывод?

Голова. Ее функция — думать, размышлять — характеризуется наличием мозгов. Далее ничего детально не рассматривается, поскольку речь идет только о голове. Если вы подумали, что на голове есть еще уши, глаза и т. д., то вы начали вводить себя в заблуждение, поскольку это частности, о которых не шла речь в указании.

Ботинки — обувь, защита ног от погодных условий, используемая при передвижении.

Вот мы и получаем: «*думай, куда идешь*».

Можно взять еще один пример, чтобы стало совсем понятно: *Книга — Карандаш — Веник.*

Книга — сборник информации определенного характера.

Карандаш — инструмент для записи; он дает возможность корректировать написанное.

Веник — инструмент для уборки мусора, грязи.

Вывод: *информация не является важной, и лучше ее не использовать.*

Итак, если вы будете брать 2–3 предмета и связывать их суть, то вы сможете давать четкие и ясные определения тому, что видите в композиции.

Но как это связано с Таро? Связь самая прямая. Карта Таро — это прежде всего предмет с определенными характеристиками, сутью, которую можно трактовать. Если вы запомнили ее, то это не значит, что вы с легкостью можете с ней работать по одной простой причине — у вас еще отсутствует навык. То, что было указано выше, скорее всего, не вызовет у вас больших сложностей в адаптации. Также и карты Таро шаг за шагом позволят вам адаптировать ту информацию, которая связывается с сутью процесса, а именно с вопросом, ответом и генеральной линией движения.

Возьмем уже знакомый нам пример, немного изменив его.

Книга — Ластик — Веник = *информация, которая требует корректировки, поскольку в ней много ненужного (ошибочного).*

Я думаю, вы уже поняли, почему произошло такое изменение: ластик способен очищать, стирать лишнее. Следовательно, в материале присутствует лишнее, от чего следует избавиться.

Формируя единое целое из различных трактовок карт, вы формируете сюжет, картину, которая будет ответом на ваш вопрос. И она более реальна и точна, чем разрозненное, но абсолютно корректное зачитывание трактовок карты.

Общение в процессе работы с Таро

Когда вы просматриваете ситуацию на картах для самих себя, то чаще всего вам ничего переводить или доказывать не нужно, поскольку вы, обладая определенным пониманием трактовки, просто уясняете ее для себя. Но человек, которому вы предсказываете или пересказываете расклад-сюжет, не обладает вашим представлением ни о Таро, ни о мире. У него свои мерки и взгляды.

И первое, что может возникнуть между вами и человеком, которому вы что-то говорите, используя информацию Таро, это недоверие и непонимание. Недоверие — а с какой стати вам доверять? Если что-то подтвердится, если будут указаны реальные факты, то да, несомненно, а так... Но это полдела. Вторая, немаловажная часть состоит в том, что причиной недоверия может служить не сама неверная информация, а ее неверная подача.

А зачем, собственно, напрягаться? Кому это надо?

Да, надо не вам, но поскольку в силу каких-то причин вы согласились поговорить с человеком, используя Таро или просто по-житейски, то вам нужно добиваться того, чтобы ваш «язык», ваша форма выражения была понятной и доступной. Почему? Для этого есть ряд причин. Первая, можно сказать, самая главная: человек может (чаще всего так и происходит) задать вопрос, посмотреть на ситуацию с такой позиции, которая вам никогда бы и в голову не пришла. И это дает вам преимущество, заключающееся в том, что вы имеете возможность учиться у человека. В это время вы можете оперировать ситуацией не только с привычных, стереотипных позиций, но с позиции нового, пусть и в определенной степени несведущего «советчика».

Второй причиной является то, что помощь, которую вы собираетесь оказать человеку, совершенно ничего не значит для него самого. «Ну как же? — скажете вы. — Я же помог...» Чем? Тем, что дали совет, разложили ситуацию по полочкам? Нет, это делает вас не пророком, а всего лишь проводником информации. И понимание того, что «советчик» чаще всего является проводником информации, создает очень важное внутреннее состояние ответственности за то, что вы делаете. И если вы взялись донести что-то, то обязаны приложить к этому максимум усилий.

Думается, теперь пора переходить к самой главной части, а именно: как научиться говорить с человеком на понятном ему языке?

Приступим к практическим шагам, реализация которых позволит вам научиться этому.

1. Почувствовать человека

Это непросто, но, если уделить этому некоторое время и приложить усилия, все получится. Итак.

Сядьте перед человеком или рядом, сбоку, — не важно. Постарайтесь не думать ни о чем своем, гасите возникающие мысли. Расслабьтесь внутренне. Попробуйте почувствовать собственную энергетику. Чаще всего она воспринимается как прообраз своего тела, только более легкого и податливого. Постарайтесь раскачать ее, т. е. мысленно раскачивайте этот образ из стороны в сторону. Допустимо и небольшое покачивание телом. Как только вы смогли это сделать, сосредоточьтесь на человеке, смотрите на него, думайте о нем.

Классических реакций три. Первая — появление мыслей в голове, того, о чем вы до этого не думали. Вторая — изменение эмоционального настроя, он становится подобным эмоциональному настрою человека, находящегося рядом с вами. Третья — реакция человека. Чаще всего это спонтанный вопрос, эмоциональная реакция или физиологический рефлекс.

Как только один из описанных эффектов достигнут, постарайтесь сохранить этот настрой как можно дольше. Приучайте ваш внутренний мир работать так, как это необходимо вам.

Проверьте, добились ли вы нужного эффекта. Задайте человеку вопрос не прямо, в завуалированной форме. Например, если возникли мысли о чем-то, выдайте их за свои и посмотрите на реакцию человека. Возможен прямой ответ, возможна эмоциональная реакция. Помните, вам необходим явный результат.

Для того чтобы достичь результатов, придется потратить не меньше недели. Затем, как только достигнете осознанных и доказательных результатов, ваш внутренний мир будет сам искать это состояние. Но не стоит сильно углубляться в этот процесс. Оставайтесь на поверхности мыслей и чувств человека, не пускайте их вглубь себя.

2. Понять человека
Об этом уже шла речь, но повторение никому не вредит. Обратите внимание на то, как и о чем человек говорит и спрашивает. Задумайтесь — а стали бы вы так формулировать вопрос? Попробуйте понять, что движет человеком, который так ставит свои задачи и цели. Как этого добиться? А представьте, что должно в вас измениться, чтобы и вы стали так смотреть на мир.

Как видите, ничего сложного. Требуется время и внимание.

Теперь вы готовы приступить к предсказанию при помощи Таро Манара. Вы уже знаете, на что необходимо обратить внимание и как себя вести.

А далее... Далее остается только задать вопрос, выбрать расклад и начать «читать» то, что говорят вам карты и ваше восприятие.

РАСКЛАДЫ ТАРО МАНАРА

Раскладов Таро существует великое множество, которые позволяют рассмотреть сложившуюся жизненную ситуацию или самого человека, даже если в сформулированном им вопросе было что-то упущено.

Это, безусловно, важный положительный момент. Возможно, позднее, когда вы приобретете достаточный опыт, специальные расклады вам не понадобятся. Но сейчас без них вам не обойтись.

Те расклады, которые приведены ниже, подходят для работы с Таро Манара по той причине, что в своих скрытых вопросах акцентируют внимание на человеке, его эмоциях, чувствах, взаимоотношениях.

О каждом раскладе мы скажем несколько слов, для того чтобы вы могли разбираться в них более точно, а также научиться связывать полученную информацию с реальностью.

Три карты

Это самый простой расклад, который существует в Таро. Без него сложно обойтись. Но несмотря на простоту, он требует от вас самого главного — сформулированного вопроса.

Задайте вопрос и выложите карты так, как указано на рисунке. Перед вами — ответ, который вы должны объединить в одно связанное предложение. Помните, что оно должно быть емким и целостным, отражающим глубину вашего понимания.

Взаимоотношения

Это наиболее распространенный расклад, который используется для оценки взаимоотношений между двумя людьми.

Правый столбец — карты вопрошающего, левый — карты интересующей его персоны. Если же просмотр идет для третьего лица, то столбцы определяются самостоятельно, то есть назначаются вами.

1 — карта указывает на то, в каком состоянии и в каких взаимоотношениях находятся два человека. Эта карта называется проверочной, поскольку демонстрирует то, что происходит между людьми в реальности. Если то, что она отражает, совпадает с реальностью, данный расклад считается верным. Но если карта говорит о своем, то это указывает на ошибку в раскладе.

2, 7 — карты указывают на то, как думают люди друг о друге.

3, 6 — карты указывают на эмоциональную часть взаимоотношений, чувств, ощущений, опасений.

4, 5 — реальная демонстрация взаимоотношений — то, что видят все, и то, что демонстрируется друг другу.

Обратите внимание на то, что процесс как бы спускается от карты к карте — от духовного плана к чувственному плану, а затем к физическому. Если при анализе такого расклада виден дисбаланс, то это значит, что существует реальная проблема во взаимоотношениях, которую можно рассмотреть.

Также обращайте внимание на карту 1, поскольку именно она увязывает между собой все карты расклада.

Пользуйтесь раскладом в тех случаях, когда вам необходима информация о взаимоотношениях между людьми. Это могут быть не только люди, составляющие пару, но и начальник/подчиненный, деловые партнеры и т. д.

План

Расклад хорош в тех случаях, когда у вас есть план действий, но сомнения или неуверенность не позволяют вам что-то предпринять. Он позволит рассмотреть ситуацию более пристально, обратить внимание на скрытые или неучтенные составляющие вашего плана.

1 — сам план или его опорная точка.

2 — мотив (бессознательный), который движет вами при реализации плана.

3 — помехи или помощь извне.

```
[2]         [3]
Бессозна-   Помехи
тельный     или помощь
мотив       извне
плана
              [1]
              План

[4]         [5]
Так ничего  Так
не          получится
получится
```

4 — так у вас ничего не получится.
5 — а так — получится.

По сути, вы получите инструкцию к тому, как себя вести в сложившейся ситуации. Но важно не только знать, как себя вести, но и суметь это сделать.

Выбор (путь) — принятие решения

Используется данный расклад прежде всего тогда, когда перед человеком стоит необходимость принять решение, сделать выбор, определиться с чем-то в своей жизни. В данном случае расклад необходим в большей степени для того, чтобы выстроить модель поведения, определиться с тем, как позиционировать себя в конкретной ситуации.

Карты 1, 3, 5 указывают на действие, поступок и его последствия.

Карты 2, 4, 6 указывают на бездействие, пассивность в ситуации и ее последствия.

7 — сама причина, суть выбора. Эта карта может рассматриваться и как контрольная, позволяющая оценить верность самого предсказания.

Расклад важен для тех ситуаций, когда человек готов принять то, что последует за его поступком. Ведь если последует совет «Действовать!» и он верен, то придется действовать, несмотря ни на что и ни на кого.

Кельтский крест. Расклад демонстрирующий ситуацию и обстоятельства

1 — характеристика ситуации на данный момент, что происходит с человеком и в его внутреннем мире.

2 — импульс извне, который может помочь делу, а может и помешать. Чаще всего это фактор влияния, который не рассматривается вами, но существует сам по себе. Это может быть поступок, отношение, поведение.

3 — уровень сознания, то, что вопрошающий уже знает (понимает), или то, к чему он стремится.

4 — уровень подсознания, то, что ощущается, чувствуется человеком в ситуации.

5 — карта прошлого. Она описывает то, что было относительно недавно и вызвало сам вопрос, указывает на причины возникновения данной ситуации.

6 — первая карта будущего, показывающая, что ожидает вопрошающего в самое ближайшее время.

7 — эта карта олицетворяет вопрошающего, его собственное отношение к ситуации (т. е. к картам 1 и 2) или его настроение в связи с ней.

8 — внешние обстоятельства. Одна из ключевых карт, поскольку демонстрирует то, что формируется в реальности, на физическом плане.

9 — надежды и опасения. Она показывает, как человек оценивает ситуацию, на что он надеется и чего боится. Это не только психологический настрой человека, который, безусловно, важен в любом процессе, но и его отношение ко всему происходящему. Значение этой карты важно как для того, кто ищет ответ, так и для того, кто оценивает другого человека, поскольку именно здесь оценивается реальная подоплека и мотивации людей.

10 — вторая карта будущего, описывающая далекие перспективы и указывающая, к чему все идет.

Расклад интересен прежде всего тем, что описывает перспективы развития ситуации и реакции людей, вовлеченных в нее.

Игра в дурака

Данный расклад представляет собой простой ряд карт, который позволяет рассмотреть развитие событий в хронологической последовательности. Кроме того, он показывает, на каком этапе этого развития находится вопрошающий, что он уже преодолел и что ему еще предстоит. Таким образом, он лучше всех других представленных здесь раскладов подходит для анализа длительных процессов развития. Но для толкования он труден, потому что у отдельных позиций нет названий и значение каждой карты вытекает из предыдущей. Еще одна трудность состоит в том, что каждая карта может соответствовать иному отрезку времени, чем соседняя. Расклад показывает только последовательность событий, но не их сроки. Главная же трудность кроется в привычном (и совершенно неверном) представлении людей, что их жизнь должна иметь какую-то логику. «Игра в дурака» как раз и показывает, что жизнь полна противоречий, отступлений и заблуждений, окольных путей и новых начинаний.

1 2 3 4 5 6 7 8 9 10 11 12 13

Сперва из колоды вынимается карта Шута (Дурака) и откладывается в сторону. Остальные 77 карт перемешиваются и выкладываются на столе веером, чтобы вопрошающий мог вынуть из них 12 карт. Шут подкладывается к этим картам, и они перемешиваются еще раз. Далее вопрошающий должен решить, будут ли карты браться сверху или снизу, после чего все 13 карт одна за другой выкладываются в ряд.

Значение позиций следующее. Шут обозначает настоящий момент. Все карты, лежащие до него, показывают пройденный путь, карты после него — предстоящий. Если Шут выпал первым, это значит, что спрашивающий находится в самом начале пути или что ему еще только предстоит взяться за какое-то дело. Если он выпал последним, значит, какой-то важный процесс развития закончился или спрашивающий находится на его последнем, завершающем этапе.

Обратите внимание на карты, расположенные до Шута. Это позволит вам настроиться на нужный лад, поскольку все это уже было. А то, что будет — после Шута, — стоит рассмотреть как предостережение, но не как инструкцию, поскольку в ваших силах оказать влияние на ход событий.

Важность этого расклада состоит в том, что вам будет продемонстрирована картина поведения человека, а также дан прогноз на будущее.

Взаимоотношения

Расклад интересен тем, что позволяет просмотреть и при необходимости спланировать или скорректировать взаимоотношения между людьми.

Он показывает сильные и слабые стороны взаимоотношений, а также то, чего стоит избегать.

Карты 1, 2, 3 указывают на то, что хочет видеть человек во взаимоотношениях. То, что ему нравится или его устраивает, и чего, возможно, нет на данный момент времени.

Карты 4, 5, 6 указывают на то, что человек не хочет видеть во взаимоотношениях. Это и реальные претензии-недовольства, и опасения человека, который не готов к появлению того, что описано в картах.

Карта 7 указывает на то, почему человек хочет именно таких взаимоотношений.

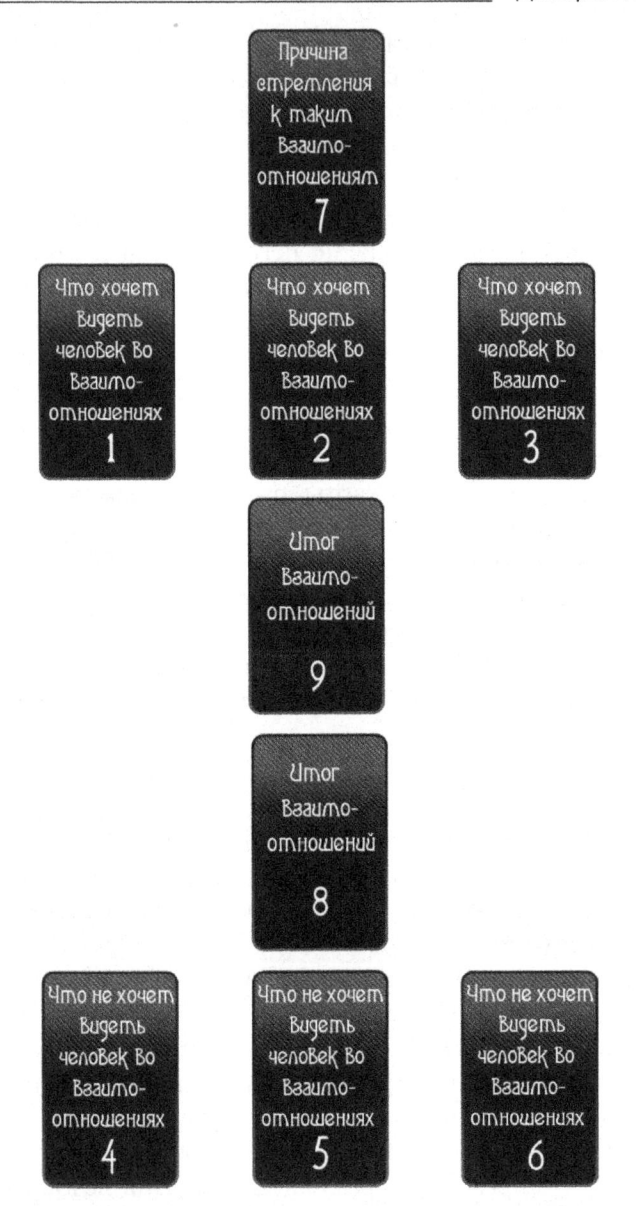

```
                    ┌─────────────┐
                    │  Причина    │
                    │ стремления  │
                    │   к таким   │
                    │  взаимо-    │
                    │ отношениям  │
                    │     7       │
                    └─────────────┘

┌─────────────┐   ┌─────────────┐   ┌─────────────┐
│ Что хочет   │   │ Что хочет   │   │ Что хочет   │
│   видеть    │   │   видеть    │   │   видеть    │
│ человек во  │   │ человек во  │   │ человек во  │
│   взаимо-   │   │   взаимо-   │   │   взаимо-   │
│ отношениях  │   │ отношениях  │   │ отношениях  │
│     1       │   │     2       │   │     3       │
└─────────────┘   └─────────────┘   └─────────────┘

                    ┌─────────────┐
                    │    Итог     │
                    │   взаимо-   │
                    │  отношений  │
                    │     9       │
                    └─────────────┘

                    ┌─────────────┐
                    │    Итог     │
                    │   взаимо-   │
                    │  отношений  │
                    │     8       │
                    └─────────────┘

┌─────────────┐   ┌─────────────┐   ┌─────────────┐
│ Что не хочет│   │ Что не хочет│   │ Что не хочет│
│   видеть    │   │   видеть    │   │   видеть    │
│ человек во  │   │ человек во  │   │ человек во  │
│   взаимо-   │   │   взаимо-   │   │   взаимо-   │
│ отношениях  │   │ отношениях  │   │ отношениях  │
│     4       │   │     5       │   │     6       │
└─────────────┘   └─────────────┘   └─────────────┘
```

Карта 8 указывает на причины ограничений во взаимоотношениях.

Карта 9 демонстрирует итог.

Астрологические Дома

Это расклад, который мы рассматривали в главе «Поведенческие типы людей в 12 астрологических Домах».

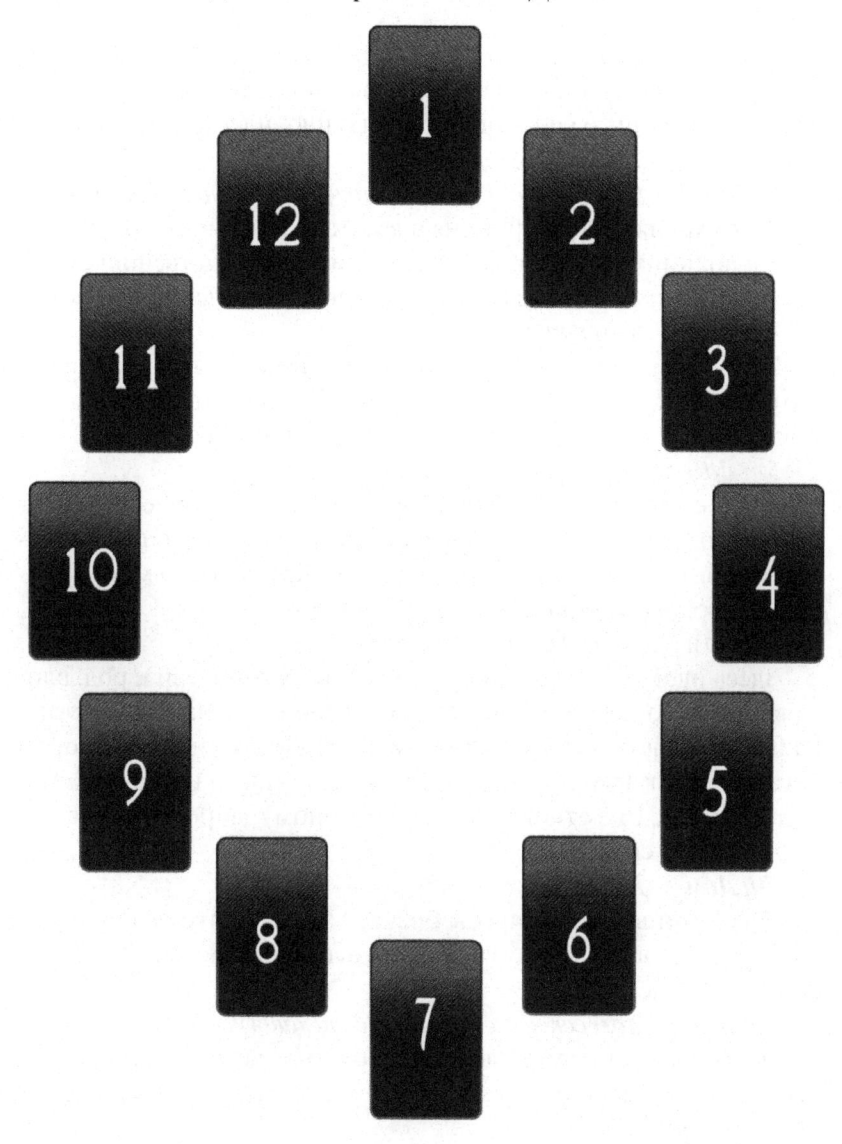

Характеристика Домов

1-й Дом — Дом жизни (Личность)
Отображаются такие понятия, как личность и характер человека.

2-й Дом — Дом прибыли (Доходы и владения)
Присутствуют такие материальные понятия, как имущество, доходы, различные виды трат. Естественно, идет рассказ и об источниках поступления денег.

3-й Дом — Дом братьев (Ближайшее окружение, знакомые)
Здесь хранится информация о взаимоотношениях с окружающими людьми: родными, соседями, близкими родственниками, а также теми, кто входит в круг повседневного общения человека.

4-й Дом — Дом родителей
Здесь идет речь о родителях, взаимоотношениях с ними и обо всем, что они имеют и дают ребенку. Прежде всего это понятия семьи, дома, традиций, наследства, внутрисемейных договоренностей.

5-й Дом — Дом потомков (Творчество)
Здесь совместились два направления: дети и творчество. Вопросы воспитания детей, отношения к ним и влияния детей. Реализация своих внутренних потребностей в окружающем мире. Хобби, интересы, предпочтения.

6-й Дом — Дом здоровья (Болезни)
Здесь идет речь о том, что дали человеку родители и род, вложивший свою лепту в генетическую цепочку данной династии. Описание генетического потенциала, слабых и сильных сторон организма, а также того, что человек заслужил на настоящий момент времени. Его отношение к собственному здоровью; болезни, в том числе и скрытые.

7-й Дом — Дом супруга (Партнеры)
Рассматриваются вопросы брака, а также партнерства (в том числе и делового). Общественные связи и союзы также отражаются в этом Доме.

8-й Дом — Дом секса и смерти (Реализация)
Дом отражает сексуальные предпочтения человека, его склонности и интересы, образ партнера и его желания, в том числе и невысказанные.

9-й Дом — Дом благочестия (Мораль)
Здесь рассматриваются вопросы интеллектуальной жизни человека, его религиозные принципы и стремления, а также путешествия.

10-й Дом — Дом царства (Карьера)
Это профессиональные и социальные успехи человека, его карьера, как способ и место реализации своих возможностей и талантов.

Дом отражает реальное положение вещей на работе или в том деле, которым занимается человек, а также перспективы его роста и развития. Конечно, если таковые имеются.

11-й Дом — Дом добрых дел (Планы)
Дом говорит нам о том, чего же реально хочет человек от жизни и от тех, кто рядом с ним.

Все, что связано с перспективой, о которой думает и к которой стремится человек, будет отображено в этом Доме. Здесь и планы на отдых, и встречи, и смена места работы и прочее.

12-й Дом — Темница (Недостатки и препятствия)
То, что не нравится человеку, то, что его ограничивает, раздражает, но в конечном счете управляет им, заставляя либо решать проблему, либо менять траекторию движения, если он решит эту проблему обойти.

Расклад 12 астрологических Домов является одним из самых сложных. В то же время он дает исчерпывающую информацию о человеке и его окружении. Так что стоит потратить время на то, чтобы научиться им пользоваться. Это позволит вам видеть человека, понимать его и принимать более осознанные решения по отношению к нему, зная реальное положение дел в его астрологических Домах.

КАК РАСКЛАДЫВАТЬ КАРТЫ. ПРЯМЫЕ И ПЕРЕВЕРНУТЫЕ ПОЗИЦИИ КАРТ

Вы, наверное, успели обратить внимание, что каждая карта имеет два значения — прямое и перевернутое. И в зависимости от ее расположения или позиции в раскладе она по-разному влияет на результат предсказания.

О том, как именно в раскладе появляются перевернутые карты, стоит поговорить более подробно. Техника под названием «Вращение» как раз и дает требуемый результат. Речь идет о принципе перемешивания и раскладывания карт.

Подход к вращению. 1-й вариант

Вы перемешиваете колоду в произвольном порядке. Лучше в первый раз делать это на столе, перемешивая карты, как домино. Но можете делать это и в руках, не только тасуя, как обычно, но и вращая вокруг своей оси. Так карты расположатся в произвольном порядке. А далее вы кладете карту на стол так, как подсказывает вам ваша интуиция, не глядя. Аналогично вы поступаете и тогда, когда собираете карты обратно в колоду.

Этот вариант вращения прост и требует от вас только одного — произвольного и спонтанного доставания карт из колоды.

Если вы начнете подключать логику, то есть задумываться над тем, как положить ту или иную карту, то это даст сбой в раскладе и, как следствие, снизит его качество.

Подход к вращению. 2-й вариант

Ваша колода карт собрана идеально. Все карты лежат в одном направлении. Всегда. Но когда вы задаете вопрос и достаете карту, можно положить ее несколькими способами:

— от себя;
— к себе;
— рубашкой вверх, а затем перевернуть от себя, или к себе, или в сторону.

Как вы понимаете, каждое из таких движений меняет положение карты, делая ее прямой или перевернутой.

Но ваша задача, манипулируя картами указанным способом, чувствовать, как именно стоит перевернуть или положить карту.

Второй способ более сложен, нежели первый, поскольку качество его применения во многом зависит от того, как вы чувствуете ситуацию, отраженную в Таро.

Конечно, можно делать это спонтанно, как в 1-м варианте, но все же 2-й способ направлен на то, чтобы вы именно чувствовали колоду и ситуацию.

Попробуйте сделать это в реальном раскладе и реальной ситуации. Посмотрите, что для вас лучше подходит. И остановитесь на этом выборе.

ВЫВОДЫ, РЕКОМЕНДАЦИИ, СОВЕТЫ

И так, вы уже знаете, как предсказывать при помощи Таро. Вы понимаете, что вы можете и чего не можете сделать, используя карты. Но все это не снимает тех вопросов, которые начнут возникать в процессе предсказаний. И связаны они с вашим осмыслением этого процесса.

Позвольте мне дать ответы на те вопросы, которые чаще всего возникают у тех, кто начинает заглядывать за завесу тайны и, как им кажется, подглядывать за судьбой.

Предопределенность, или фатум

На самом деле вопрос о предопределенности не праздный, поскольку само предсказание тем или иным способом ставит его перед вами, заставляя искать ответы.

Но позвольте вас огорчить, поскольку на этот вопрос нет и не может быть однозначного ответа. И вот почему.

Судьба фатальна, или предопределена, поскольку представляет собой совокупность событий, в которых человек действует или бездействует на основании своего мировоззрения, характера и тех обстоятельств, которые пришли с ним из прошлого. Это как снежный ком, который катится с вершины, имея определенную массу, по сути — судьбу. И то, куда он покатится, ясно даже ребенку. Именно поэтому судьба фатальна. Она заключена в рамки привычек и, можно сказать, в рамки человеческого упрямства.

Судьба изменчива. Может ли человек измениться? Может ли он по собственной воле что-то начать делать или, наоборот, перестать? «Конечно!» — скажете вы и будете правы. Человек действительно может сделать то, что он захочет. И как следствие его желания, он может управлять своей судьбой.

А как же снежный ком?

Именно снежный ком — самая большая сложность в изменении судьбы. Инертность ситуации, привычка и личностная косность — все это сильно усложняет жизнь человека. Но если он имеет желание и волю к тому, чтобы изменить себя, он в состоянии это сделать.

Поэтому сами решайте, для кого судьба фатальна, а для кого нет. Но помните: все в ваших руках, как и колода карт, которая может дать вам такую важную и нужную подсказку.

Кто может заниматься предсказаниями?

На самом деле на картах может предсказывать любой человек, если он готов к этому, понимает суть вопроса и имеет желание.

Желание — вот главное, когда вы собираетесь работать с картами Таро. Ведь новое не всегда начинается просто и получается легко. Не всегда на ум приходят значения и верные трактовки расклада. Но со временем, которое вы себе отпустите на тренировки, у вас все получится.

Ведь в Таро, как и в любом предсказании, чрезвычайно важно не терять связи с реальностью. Видеть полное совпадение того, что вы увидели при помощи карт, с тем, что вы видите в реальном мире. А если происходит несовпадение — искать причины и понимать, почему так произошло.

Конечно, такой подход свойствен не всем — и в силу возраста, и в силу отношения к логике. Но наша задача рассказать вам, что есть на самом деле. А делать так или иначе — ваш выбор.

Кому можно предсказывать его будущее?

Это важный вопрос, поскольку не всякому человеку стоит предсказывать его будущее или разъяснять происходящее. Даже самому себе это делать не всегда желательно. И вот почему.

Несмотря на то что будущее можно изменить, для этого нужны определенные возможности. Это воля и желание, наличие элементов управления ситуацией. Но если человек просто не в состоянии что-либо изменить или на что-либо повлиять, то для него предсказание становится страшной мукой. Причем мука эта в несколько раз сильнее той, чем если бы он, не зная, переживал эту ситуацию. Посмотрите: в первый раз он начинает переживать, волноваться и нервничать, когда узнает о неизбежном. Во второй раз — когда это случается. И в третий раз — когда снова и снова ищет ответ на вопрос: «А мог ли я что-то сделать, чтобы изменить происходящее?»

Так что ваше право говорить или не говорить человеку то, что его ожидает. Но не забывайте, что есть и право человека на тайну, которое дает ему Вселенная.

Предсказания для самого себя

Предсказывая себе, мы очень часто врем. И не потому, что хотим вводить себя в заблуждение, а потому, что хотим избежать плохого и получить хорошее. Часто, не замечая этого, мы как бы притягиваем несуществующее в трактовку расклада, не видя и не замечая реальности.

Это данность человеческой психики, которую не так-то просто обмануть или заблокировать. Бесстрастие и холодность приходят с годами, да и то если они вообще могут присутствовать в конкретном психологическом типаже. Но если этого нет, то остается одна действенная уловка. Представьте, что вы смотрите не на себя или того, кто вас волнует, а на совершенно постороннего человека. Скажите себе, что вам все равно, что вы увидите. Вы просто хотите разобраться и понять, что же происходит. И тогда постепенно вы сможете настроиться на нужный лад.

Как часто можно заниматься предсказаниями?

Предсказывать или просматривать одну ситуацию или один вопрос не стоит чаще одного раза в неделю. Ведь если вы сегодня что-то не поняли или не смогли докопаться до сути, то, скорее всего, ситуация развивается и вы просто не можете уловить ее из-за этого. Но пройдет время, ситуация созреет, сформируется, и вы сможете как следует рассмотреть ее. А если вы будете раз за разом задавать один и тот же вопрос, то, кроме самообмана, вы ничего не добьетесь.

Что же касается частоты предсказаний вообще, равно как и продолжительности сеансов, то эти понятия строго индивидуальные. Кто-то устает через час, и на восстановление ему потребуется несколько дней. Кто-то работает часами, не зная устали.

Смотрите за собой, своими реакциями и внутренними ощущениями. Они лучше всего подскажут вам, стоит сегодня что-то смотреть или нет. Ведь если вы устали, раздражены или взволнованы, то все это немедленно отразится на результате. И как вы понимаете, не в лучшую сторону.

Безусловно, это далеко не все нюансы, с которыми вы встретитесь, работая с колодой Таро. Но для того вы и начали изучать предсказательную систему. И конечно же для того, чтобы лучше разбираться в себе и людях.

КАК РАБОТАТЬ С ОПИСАНИЕМ КАРТ?

Прежде чем вы приступите к изучению описаний каждой карты, необходимо сказать несколько слов о том, как правильно пользоваться изложенным описанием.

Описания карт практичны и содержат помимо собственно значения рекомендации и характеристики к сюжету, с которым вы будете работать. Сделано это с той целью, чтобы дать вам наглядные варианты поведения и реакции людей на те или иные события. И естественно, чтобы вы могли как можно легче адаптировать значения карт к реальной жизни.

Стихи — это лирическое описание карт, то, как увидел их автор. Вполне возможно, что оно поможет вам проще и яснее уловить те нюансы, которые содержатся в карте.

Сюжет карты представляет собой описание того, что изображено на самой карте. Сделано это потому, что не у всех прямое восприятие рисунка дает полное и исчерпывающее понимание того, о чем идет речь.

Значение карты в прямом положении. Дается трактовка карты в раскладе при ее прямом положении. Приведены наиболее часто встречающиеся варианты и ситуации.

Значение карты в перевернутом положении. Дается трактовка перевернутого значения карты и наиболее часто встречающихся вариантов.

Положительные проявления в ситуации (сильные черты). Здесь говорится о сильных, позитивных моментах, заключенных в ситуации, а также о сильных чертах человека, если его символизирует данная карта.

Отрицательные проявления в ситуации (слабые черты). Здесь говорится о негативных моментах, слабостях и проблемных аспектах ситуации. Также в случае если карта говорит о человеке, то речь пойдет о его слабых чертах.

Тенденции развития ситуаций при положительном (или отрицательном) значении. Здесь дается информация о том, куда может привести ситуация, описанная в карте, если базовое значение карты положительное (прямое) или отрицательное (перевернутое).

Тенденции и сильные/слабые черты важны прежде всего в ключевых точках расклада, или знаковых ситуациях, о которых вы можете узнать, рассматривая сам расклад или задав соответствующий вопрос (см. «Расклады). Применять их на первых порах для всего расклада не стоит, поскольку так можно легко запутаться, придав слишком большое значение второстепенной ситуации или второстепенному аспекту расклада.

СТАРШИЙ АРКАН

0
ШУТ (THE FOOL)

Милый мальчик мой, чувства игрушка,
Так тепло и забавно с тобой.
Положив на плечо свое чуткое ушко,
Ты доволен и мной, и собой.

Ничего, что не так, ничего, что иначе,
А зачем же тогда новый день настает?
И никто не смеется, но никто и не плачет,
Потому что игра никогда не уйдет...

Не заметишь, как мы поменялись местами,
Кто теперь кем играет — поди разбери,
Но и это не важно, поскольку друзьями
Были мы, были мы, были мы...

Сюжет карты
Девушка играет с куклой. На ее лице написаны умиление и полная удовлетворенность происходящим. Все, чего бы она ни захотела, кукла исполнит.

За спиной у девушки видна уходящая вдаль дорога, которая символизирует ее жизнь и отношение к ней.

Значение карты в прямом положении
Карта говорит о манипуляции одного партнера другим, основанной на полном и безоговорочном доверии. При этом один из партнеров выполняет роль ведущего или хозяина положения, но

при этом опирается только на чувственное отношение к ситуации, не задумываясь ни о последствиях, ни о реакциях своего партнера. А тот, кто выполняет роль ведомого, или куклы, безоговорочно верит в искренние чувства хозяина. Это игра, цель которой — она сама, без обязательств, без серьезных чувств, без глубоких отношений. Игра ради игры.

Значение карты в перевернутом положении
Карта говорит о том, что игра будет вот-вот раскрыта. Тот, кем играют или манипулируют, начинает чувствовать всю фальшь происходящего. При сопутствующих, уточняющих картах, которые добавляются к раскладу по необходимости, указывает на то, что инициатива в игре перехвачена и игрока ждет глубокое разочарование.

Положительные проявления в ситуации (сильные черты)
Человек умеет манипулировать другими людьми. Манипуляции сродни управлению, и если человек сможет перестать управлять окружающими по своей прихоти, не выходя за рамки собственного интереса, а сделает это частью своей профессии, то его ждет успешная карьера.

Отрицательные проявления в ситуации (слабости)
Человеку совершенно не важно, что испытывает тот, кем манипулируют. Он делает это походя, не задумываясь о том, что может кого-то ранить. Таким путем можно легко нажить врагов.

Тенденции развития ситуации при положительном значении (что можно ожидать дальше)
Взаимоотношения, которые указаны данной картой, ни к чему не приведут. Они будут длиться ровно столько, сколько нужно человеку для удовлетворения своих амбиций. А после ненужная «игрушка» будет выброшена без каких-либо угрызений совести и переживаний.

Тенденции развития ситуации при отрицательном значении (что можно ожидать дальше)
Карта предрекает удар, который ждет игрока. Он заигрался, считая, что все вокруг созданы только для того, чтобы удовлетворять его потребности. И так оно и было до тех пор, пока он не обидел того, кто оказался сильнее. И месть, как расплата, вполне закономерна.

I МАГ (THE MAGICIAN)

Пожалуй, для меня не создали запретов,
Которые нельзя преодолеть,
И все, что существует в жизни этой,
Смогу я взять, суметь, успеть.

Не важно, что страшны желанья,
Не так уж важен внешний вид.
Страшнее вовсе не иметь мечты,
И недопонимание меня уж больше не смутит.

Возьму все то, что мне желанно,
И сделаю все так, как захочу,
И не подумайте, что странно:
Я как хочу, так и судьбой верчу.

Сюжет карты

На картине изображена миловидная девушка, создающая страшного монстра из металла. Она целиком и полностью поглощена своим занятием, поскольку остался последний штрих — создание фаллоса, который венчает это творение. Судя по ее поведению, она прекрасно осознает, что она делает и для чего она это делает.

Значение карты в прямом положении

Карта указывает на колоссальную волю и целеустремленность человека, который ради собственной выгоды, стремления и желания готов на все, в том числе и на изменение законов природы. Но вместе с тем такая нескончаемая воля содержит большой изъян. Человек в своем стремлении что-то получить перестает отдавать себе отчет в том, что от его реализованных желаний может разразиться страшная гроза.

Значение карты в перевернутом положении
Безвольность и полная инфантильность. Человек ни к чему не стремится и не хочет ничего от жизни. Его основное стремление — одиночество, которое должно принести умиротворенность.

Положительные проявления в ситуации (сильные черты)
Перед нами волевой и целеустремленный человек. Он в состоянии достичь любой цели и выполнить любую задачу, не прибегая к посторонней помощи и не страшась сложностей. Это лидер и творец, для которого сложности — лишь повод для их преодоления.

Отрицательные проявления в ситуации (слабости)
Но с другой стороны, колоссальная воля и стремительность не позволяют человеку видеть рамки законов, за которые он с легкостью может переступить, стремясь к своему идеалу. Он почти маниакален в своих стремлениях, и доводы «против» просто не могут быть им услышаны.

Тенденции развития ситуации при положительном значении (что можно ожидать дальше)
Человек сможет сделать то, чего он хочет. Он достигнет того, к чему стремится, но при этом останется один со своей целью и со своим призом, поскольку всех попутчиков, соратников и близких он растерял в пути.

Тенденции развития ситуации при отрицательном значении (что можно ожидать дальше)
В этом случае обстоятельства возьмут верх. Человек будет делать лишь то, что удобно и выгодно его окружению. Нет, он не совсем марионетка, поскольку вполне осознает то, что с ним происходит, но совершенно не готов к сопротивлению.

II ЖРИЦА (THE PRIESTESS)

Среди запретов и среди табу
Я прячу все, что дал мне Бог от рода,
Скрывая душу, тело и судьбу
Под маскою презренного урода.

Сковало тело таинство обета,
Но зов природы не подвластен божеству,
И вот я жду, как черт, часы рассвета,
Чтоб вновь корить свою судьбу.

А кто я, где я, я уже и не помню,
И лишь осколки чувства колют грудь,
Немного потерплю и, может, вспомню,
Каков мой истинный, счастливый путь.

Сюжет карты

На карте изображена женщина в одежде монахини. Стоя в своей келье, она, подняв край одежды, смотрит на свое тело, отраженное в зеркале. Оно сейчас закрыто не только платьем, но и правилами того общества, в котором она находится. Но природа и зов плоти сильнее ограничений, и женщина снова и снова возвращается к тому, что скрывает от мира по собственной воле.

Значение карты в прямом положении

Человек полон внутренних моральных ограничений, установок и стереотипов о том, как можно себя вести и как вести не стоит. Это порождает внутренний конфликт и готовность прорвать преграды ограничений, с которыми не соглашается естество. В карте соединилось ханжество — противоречие между внешними нормами и внутренними стремлениями — и внутренняя боязнь быть более свободной и раскованной.

Значение карты в перевернутом положении

Карта указывает на человека, поведение которого не сковано какими-либо моральными установками. Он ведет себя так, как ему выгодно или как ему хочется в данный момент. Такая свобода часто граничит с полным произволом и серьезной угрозой для окружающих, которые могут стать объектами его интересов.

Положительные проявления в ситуации (сильные черты)

Высокий моральный облик и воля человека, который описан данной картой, говорят нам о весьма надежном партнере. Он готов бороться с собой и со своими внутренними порывами, лишь бы не преступить тех норм, которые он сам себе определил.

Отрицательные проявления в ситуации (слабости)

Отрицательной стороной такого поведения является то, что человек идет против своей воли и против природы, забивая и заглушая внутренний голос. Или такой серьезный внутренний конфликт рано или поздно выливается в тяжелое заболевание, или сила желания, прорвав плотину ограничений, устремляется в мир, где она будет властвовать без разбора.

Тенденции развития ситуации при положительном значении (что можно ожидать дальше)

Перспективы развития такой ситуации весьма призрачны, поскольку у человека есть два мнения и два стремления, и только дальнейший ход жизни сможет окончательно сказать, порвет ли человек путы запретов или и дальше будет ждать своего часа, смирившись с участью.

Тенденции развития ситуации при отрицательном значении (что можно ожидать дальше)

Тенденции, на которые указывает карта, таковы, что человеку недолго и до преступления. Он становится опасен как для себя, так и для других людей. В конце концов его может ждать изоляция — от больничной койки до тюрьмы.

III ИМПЕРАТРИЦА (THE EMPRESS)

Поклонников в избытке у меня,
Такая вот природа у творенья,
Ни дня, ни ночи без меня
Не могут те, кто жаждет наслажденья.

А жажду ль я?
Я принимаю дар
От всех, кто хочет и кто получает, гонорар,
Что ценностью поступка обладает.

Вся власть, которой у меня сполна,
Лишь повод утолить мое желанье.
И я по-прежнему одна,
И счастлива, мне не к лицу страданья.

Сюжет карты
На кубическом троне, который обвивают зеленые ростки, восседает девушка. Ее тело, достойное древних богинь, обнажено, а лицо прикрыто длинными волосами, которые не позволяют увидеть, куда направлен ее взор.

У ее ног склонился мужчина, одетый в красные одежды, символизирующие страсть и стремление быть рядом с ней, обладать ею.

Значение карты в прямом положении
Это скрытые силы Матери-природы, которые делают любую женщину богиней. Это явная и внутренняя мощь женской привлекательности, которая сама по себе заставляет всех падать к ее ногам. Карта указывает и на сильные материнские чувства, и на ярко выраженную женскую природу и обаяние.

Значение карты в перевернутом положении

Карта указывает на то, что человек не готов воспринимать свою истинную природу. Такие природные качества, как привлекательность и обаяние, спрятаны глубоко в душе человека и не могут выйти наружу из-за природной застенчивости, а также из-за критичного отношения к себе. Человек сторонится противоположного пола и выглядит как синий чулок.

Положительные проявления в ситуации (сильные черты)

Положительные черты очевидны — это сила и мощь, которыми обладает человек. Они заставляют других восхищаться этой красотой и грацией, не оставляя в душе ни тени сомнений. Такая внутренняя сила и внешний облик мало кого могут оставить равнодушными.

Отрицательные проявления в ситуации (слабости)

Возникновение вседозволенности, которая дает власть над людьми. Человек постепенно может скатиться до банального использования тех, кто находится рядом. Но рано или поздно рядом появятся те, кто использует его не менее хладнокровно и цинично.

Тенденции развития ситуации при положительном значении (что можно ожидать дальше)

Перед нами человек, который многое имеет и многое может себе позволить. Нет, он не ходил по головам и не старался использовать людей. Он лишь использовал свою силу, притягательность и лояльность тех, кто был им восхищен.

Тенденции развития ситуации при отрицательном значении (что можно ожидать дальше)

Отрицательная тенденция печальна — синий чулок так и останется синим чулком. И несмотря на голливудские сказки о том, что рано или поздно Золушка станет принцессой, в жизни это случается крайне редко. И без активного участия самого человека, без сознания своей внутренней красоты, это не произойдет.

IV МПЕРАТОР (THE EMPEROR)

Власть — лишь маска под рукой,
Которой ты прикрыл свои желанья,
Надменность в ней и призрачный покой,
Что избавляют сердце от страданья.

Но рано или поздно ты поймешь,
Что мир не ограничен лишь владеньем,
И рано или поздно ты придешь,
Чтобы наполнить сердце наслажденьем.

Не нужен меч. Кольчугу ты сними.
Не враг тебе я, не соперник.
Тогда ты, вспомнив страсти дни,
Останешься со мной, мой рыцарь, пленник...

Сюжет карты
На карте запечатлен воин, который выходит из морской пучины, опираясь на свой огромный меч. За его спиной возвышается величественный утес, который подчеркивает мощь и силу воина.

Перед ним, на берегу, сидит полуобнаженная женщина и смотрит в лицо воину, пытаясь увидеть то, что вселит в нее надежду.

Вся картина окрашена в красные тона, подчеркивая, что все в ней пропитано страстью и желанием, несмотря на холодность воина и отчаяние женщины.

Значение карты в прямом положении
Карта указывает на то, что человек ограничивает собственные чувства. Он никого не подпускает близко и ни с кем не готов общаться накоротке. Одной из форм такого поведения является

скрытый деспотизм и самоограничение, которое часто проецируется в излишней критичности окружающих людей. Между тем карта указывает и на наличие огромного мужского потенциала и ярких качеств лидера.

Значение карты в перевернутом положении
Карта указывает на беззащитного и очень уязвимого человека. Им часто манипулируют и используют его доверчивость в своих интересах. Его готовность помочь и угодить людям стала для него обузой, от которой он не в состоянии отказаться из-за слабости характера.

Положительные проявления в ситуации (сильные черты)
Такого человека сложно смутить и очень сложно столкнуть с выбранного пути. Он надежен и готов прийти на помощь, если кто-то в ней нуждается. Но свое сердце он скрывает за броней, а свои чувства никому не показывает, оставаясь воином и в делах, и в общении.

Отрицательные проявления в ситуации (слабости)
Поведение человека, которое большинством воспринимается как эмоциональная холодность, отпугивает людей. Они страшатся того, чего не понимают, или того, что скрыто от них. Однако сила и поддержка, которые этот человек дает, не позволят ему остаться в одиночестве.

Тенденции развития ситуации при положительном значении (что можно ожидать дальше)
Карта стабильного и контролируемого развития ситуации. Нет ничего, что можно было бы ждать сверх увиденного и понятого. Это полный контроль и успех в достижении цели.

Тенденции развития ситуации при отрицательном значении (что можно ожидать дальше)
Человеком продолжают манипулировать, его будут использовать все кому не лень. Ожидать того, что он в один прекрасный день очнется от сна, несколько наивно. Ему так удобно, комфортно, и по большому счету он не испытывает серьезных моральных травм из-за того, что он такой рохля.

V. ПЕРВОСВЯЩЕННИК (THE PRIEST)

Шокирован? Взволнован? Удивлен?
И я, поверь, взволнована не меньше.
Но все уже случилось — и не сон,
А необычное, но яркое мгновенье.

Быть может, это Знак, что послан нам судьбой,
А может, это шутка бесов, —
Не важно, знаю я, что твой покой
Теперь уже стал поводом для мессы.

Но не изгонишь ты сомненья,
Что матерью и женщиной зовут...
А кто рождает дальше поколенья?
Подумай ты, священный плут.

Сюжет карты

На ступенях храма сидит женщина, юбка которой высоко поднята и обнажает все то, что обычно прячется от посторонних людей. На ее лице застыли ужас и смятение, потому что несколько человек наблюдает за ней, чего она явно не ожидала.

Один из наблюдающих, кардинал, вскинул руки в возмущенном жесте, стараясь как бы остановить распутницу. От другого человека мы видим только тень, и посему его мнение на этот счет нам неизвестно.

Значение карты в прямом положении

Неадекватность поведения, которая указана этой картой, лишь одно из проявлений внутренней раскрепощенности личности, которая временами переходит в распущенность. У человека, представленного этой картой, свои личные представления о морали, уместности поведения и иных социальных нормах, которые со стороны выглядят, как минимум, вульгарно. Сложности с оценкой поступков и самооценкой делают такого человека предметом явной и тайной критики со стороны общества.

Значение карты в перевернутом положении

Карта указывает на излишнюю скованность в поступках и отношениях с противоположным полом. Человек тяжело идет на контакт, избегает общения и сторонится людей. Он всецело погружен в свои представления о мире и принципах построения взаимоотношений, которые отстоят от настоящего не менее чем на 50 лет.

Положительные проявления в ситуации (сильные черты)

Положительный момент подобного поведения заключается в том, что человек достаточно легко и просто находит общий язык с другими людьми. Его не беспокоят страхи или стеснения, которые присущи многим. Он коммуникабелен и общителен, готов к контактам разного уровня.

Отрицательные проявления в ситуации (слабости)

Отрицательной стороной данного поведения является то, что окружающие не готовы к большинству поступков, которые демонстрирует этот человек. Он выглядит распущенным, крайне вульгарным, формируя в окружающих чувство легкой брезгливости. Тем самым он оставляет для себя в окружении лишь тех, кому подобное безразлично, или тех, кто так же, как и он, не собирается себя сдерживать.

Тенденции развития ситуации при положительном значении (что можно ожидать дальше)

Подобные мотивы, если они проявляются в юные годы, будут приводить к тому, что человек станет попадать в весьма щекотливые ситуации и рано или поздно над его жизнью и здоровьем нависнет угроза.

Тенденции развития ситуации при отрицательном значении (что можно ожидать дальше)

В сдержанности и некоторой скованности морального облика нет и не может быть ничего плохого. Все это со временем пройдет, уступив место нормальному и вполне здравому восприятию мира и своих возможностей.

VI ВЛЮБЛЕННЫЕ (THE LOVERS)

Выбор сделан, и не важно,
Что ты не рада ничему.
Главное, что ты отважно
Посвятила жизнь ему.

Все, что дорого и свято, —
Все растаяло как дым,
Но желаньем ты богата,
Существуя рядом с ним.

Передумать, переделать — поздно,
Ты уж не вольна.
И в итоге весь твой выбор —
Ждать покорно у окна.

Сюжет карты

На переднем плане изображена обнаженная натурщица, чье прекрасное тело покрыто рубцами и кровоподтеками. Кровь видна и на простыне, которая служит покрывалом для ее сиденья. Чуть поодаль слева, за мольбертом, стоит художник, который самозабвенно рисует свою музу, такую покорную и беззащитную. А справа, в окне, виден город. Его улицы полны людей, и жизнь там, за окном, течет своим чередом, не замечая происходящего в этой комнате.

Значение карты в прямом положении

Влюбленные, которые в классическом Таро указывают на выбор, в данном случае говорят не о будущем, а о свершенном выборе. Причем он явно не в пользу того, кто любит или влюблен. Этот выбор ведет к жертвенности и вознесению себя на алтарь поклонению предмету своей страсти. Карта указывает как на одностороннюю любовь, так и на искаженные взаимоотношения между партнерами. Но что характерно: каждого из партнеров вполне устраивает то положение вещей, которое символически отражено на карте.

Значение карты в перевернутом положении
Карта указывает на безвыходность ситуации. Выбор иллюзорен, и независимо от того, как он будет совершен, будущее предопределено. Эта предопределенность продиктована прежде всего тем, кто выбирает. Он стремится не к счастью или независимости, а лишь к тому, чтобы кто-то за него начал принимать решения.

Положительные проявления в ситуации (сильные черты)
Положительным аспектом поведения в такой ситуации можно назвать умение жертвовать. Жертвенность несвойственна большинству людей, которые готовы скорее принести в жертву другого, чем самим встать на мученический путь.

Отрицательные проявления в ситуации (слабости)
Человек не готов посмотреть на себя со стороны. Он отвел себе роль жертвы, согласен с ней и готов выполнить эту миссию до конца.

Тенденции развития ситуации при положительном значении (что можно ожидать дальше)
Положительного в этой карте немного. Это целиком зависит от того, кто является жертвой или кто на самом деле делает выбор. Ожидать, что предмет любви (он же — мучитель) одумается, наивно. Необходимо делать верные шаги и жертвовать ради счастья, борясь с деспотом и меняя его, а не сидеть сложа руки в обреченной позе.

Тенденции развития ситуации при отрицательном значении (что можно ожидать дальше)
Отрицательный момент этой ситуации — ловушка, западня, в которой оказался человек. Самостоятельно, без посторонней помощи, ему из нее не выбраться. А впереди только боль и разочарование.

VII ОЛЕСНИЦА (THE CHARIOT)

Страсть — удел для наслажденья,
Радость — в жизни не предел.
Ты в плену у наважденья,
Выбор твой и дик, и смел.

Чувства, смесью острой боли,
Все пройдут, как этот миг,
Но останется с тобою,
Счастья радостного крик.

Бесконечен и безбрежен,
Он живет в твоей душе.
Светел, радостен и нежен,
Он кричит: «Туше, туше!»

Сюжет карты

На карте мы видим молодую девушку, которая оседлала кинокамеру. Ее голова откинута назад, а глаза закрыты — она слилась в единое целое с камерой, и окружающий мир для нее теперь лишь тот, который она сможет увидеть через объектив.

Значение карты в прямом положении

Иллюзорность мировосприятия и грезы, которыми украшает свои отношения человек, часто приводят к тому, что он бывает обманут или поставлен в неловкое положение. Человек, на которого указывает карта, не готов жить в реальном мире. Он живет переживаниями того положительного опыта, который накопил за прошлые годы. Отношения людей, которые ведут себя таким образом, в большинстве случаев приводят к фиаско.

Значение карты в перевернутом положении

Карта указывает на излишний прагматизм и расчетливость. Человек постепенно превращается в сухаря, оперируя только вещественными доводами и не воспринимая мир ощущений и эмоций. Таких людей еще называют консерваторами, для них даже самое обоснованное открытие — лишь временное заблуждение человечества, от которого оно скоро откажется.

Положительные проявления в ситуации (сильные черты)

Человеческие фантазии и грезы часто приводят людей в сложные и неприятные ситуации. Но, с другой стороны, мир настолько разнообразен, что те же фантазии, запечатленные художниками и поэтами, драматургами и писателями, востребованы и не кажутся чем-то неуместным. Нужно просто найти то, что объединяет реальность и грезы.

Отрицательные проявления в ситуации (слабости)

Человек не способен воспринимать мир таким, каков он на самом деле. Такого человека можно назвать блаженным или шизофреником, но от названия его позиция не изменится.

Тенденции развития ситуации при положительном значении (что можно ожидать дальше)

Законы здравого смысла возьмут верх над грезами человека, и он перестанет погружаться в фантазии. Нет, это не отказ от чувства легкости и свободы, которое дает сказка, а лишь умелое сочетание одного и другого.

Тенденции развития ситуации при отрицательном значении (что можно ожидать дальше)

Человек перестанет воспринимать окружающий мир во всем его многообразии. Он замкнется на понятных и знакомых ему формах, что непременно приведет к тому, что все его существование будет протекать в серо-черно-белых тонах.

VIII. ПРАВОСУДИЕ (JUSTICE)

Как хочется забыть про нормы и запреты
И скинуть все, мешающее жить,
Но рамки древнего завета
Не позволяют просто быть.

Но делать, отвечать и помнить,
И радоваться, если повезло, —
Закон... Его должно исполнить.
Тебе — одно, и ей — одно.

Для каждого, измерив долю,
Расставит точки на пути;
Забудь про добрую и злую доли,
Иди, люби, ведь счастье впереди!

Сюжет карты

На карте мы видим лицо молодой женщины, голова которой покрыта хиджабом — мусульманским головным убором. Она выглядывает из-за позолоченной двери дома, в котором вынуждена находиться.

Таковы правила общества, в котором она живет, — на заднем плане виден минарет. Но если присмотреться внимательнее, то можно увидеть на ее лице следы косметики, что само по себе вступает в противоречие с общественными нормами. Так что сделать вывод о том, соблюдает ли она закон или преступает его, невозможно, не поговорив с ней.

Значение карты в прямом положении

Границы и запреты, которые ограждают человека от окружающего мира, ограждают его также и от всего положительного, что может дать мир. Человек, на которого указывает карта, находится в двойственном положении. С одной стороны, ему комфортно там, где он есть, но с другой — он уже почти готов к открытию чего-то нового в своей жизни.

Значение карты в перевернутом положении
Человек очень плохо разбирается как в общественных законах, так и в законах жизни вообще. Он действует на основании природных инстинктов и ощущений того, как правильно и как неправильно поступать в данном случае.

Положительные проявления в ситуации (сильные черты)
Человек действует согласно общепринятым нормам. Он законопослушен и точно знает, что можно, а что нельзя.

Отрицательные проявления в ситуации (слабости)
Человек даже не задумывается о причинах запретов и табу, в которых он живет. Он не делает чего-то в своей жизни, а если делает, то только потому, что так положено. Его кругозор определен не столько им, сколько требованиями, которые к нему предъявляются обществом.

Тенденции развития ситуации при положительном значении (что можно ожидать дальше)
Человек в данной ситуации будет поступать согласно закону. Его возможный бунт или нежелание так поступать скоро утихнет, и он опять вернется в рамки общепринятого и упорядоченного поведения.

Тенденции развития ситуации при отрицательном значении (что можно ожидать дальше)
Человека ждет серьезная проблема, поскольку чутье его подводит. Он поступит так, как поступать не следует, и будет нести за это наказание. Оно может быть незначительным, а может быть и суровым. Все зависит от того, что именно он сделал.

IX

ТШЕЛЬНИК (THE HERMIT)

Ты человек или комок сомнений?
Ты подожди, не отвечай!
И в сумме прошлых поколений
Ты лишь звено. Не в том печаль.

Не недостаток, просто факт существованья,
Накопленный с годами опыт дней,
Не берег — край всего познанья,
Что ближе стал к тебе и к ней.

Не забывай, но и не помни ты худого,
Лишь опыт счастья даст тебе покой,
И вот тогда, с рассветом новой жизни,
Ты сможешь стать самим собой.

Сюжет карты

На карте мы видим страшного оборотня с человеческим телом, но с головой дикого волка, что указывает нам на то, что изменения в человеке начались с его мыслей. Он сидит на коленях, полон отчаяния и злобы, и смотрит за горы, через озеро, где начинается мир людей — мир любви и счастья, в котором он стал чужаком.

Значение карты в прямом положении

Одиночество и обособленность, которые породили конфликт в человеке, усугубляются с каждым днем. Он уже не готов просто воспринимать мир вокруг себя, но лишь через призму агрессии и неприятия. И чем дольше он будет страшиться мира, тем больше мир будет страшиться его. Он день за днем перестает быть человеком и становится зверем. Причем самостоятельно вернуться с этого пути он не сможет.

Значение карты в перевернутом положении
Карта указывает на то, что человек слишком открыт миру. Его круг друзей и знакомых настолько обширен, что он порой теряется в них. Мир для такого человека — череда приятных встреч, общения и новых впечатлений. Все происходящие с ним неприятности он не готов воспринимать на свой счет и старается побыстрее забыть о них, предоставив кому-то решать возникшие проблемы.

Положительные проявления в ситуации (сильные черты)
Сложно найти положительные черты в этой карте, поскольку такой конфликт с миром, какой она нам демонстрирует, не является положительным. Лишь тогда забрезжит свет, когда человек начнет задумываться о причинах того, что происходит в его душе.

Отрицательные проявления в ситуации (слабости)
Отрицательное здесь видно невооруженным глазом. Человек противится миру и не готов воспринимать все то, что в нем творится. Он очень хочет принять мир, но злоба и отчаяние лишь отдаляют его.

Тенденции развития ситуации при положительном значении (что можно ожидать дальше)
Карта указывает на то, что человека ожидает жесточайшая депрессия, из которой ему самостоятельно не выбраться. Ему нужны рука помощи и поддержка, чтобы научить вновь радоваться жизни и любить мир.

Тенденции развития ситуации при отрицательном значении (что можно ожидать дальше)
Отрицательного значения у этой карты нет, поскольку оно, как мы видим, переместилось в область положительного. А в этом случае можно сказать лишь то, что человеку ничего не грозит. Все, что ему нужно, он сможет добиться, воспользовавшись подсказкой друзей.

X

ОЛЕСО ФОРТУНЫ (THE MIRROR)

Двое вас, но ты одна,
Для фортуны — дочка.
Ты мила, умна, стройна,
Можно ставить точку.

Точку там, где невтерпеж,
Где пора решиться:
Надо резать? — Ну и что ж,
Так дано сложиться.

Дочку любят, дочку ждут —
И простят капризы.
Пряник? Или, может, кнут?
Впереди сюрпризы...

Сюжет карты

На картине мы видим молодую женщину, которая стоит перед двумя зеркалами и рассматривает себя со всех сторон. Ее тело ниже пояса обнажено, лишь невысокие ботинки чуть скрывают наготу ее ног. И со стороны кажется, что это не один, а четыре человека застыли в такой позе.

Значение карты в прямом положении

Самолюбование и самодовольство — не самое страшное, что есть в человеке. Но в то же самое время чрезмерная забота о том, как он выглядит и воспринимается окружающими, постепенно лишает человека потребности в реальных чувствах и отношениях. Все, кто находится рядом: друзья, знакомые и партнеры, — воспринимаются (часто неосознанно) лишь как свита, которая должна восхищаться своим кумиром.

Значение карты в перевернутом положении
Карта говорит о человеке, который практически не обращает внимания на свою внешность. Все, что важно, по его мнению, должно находиться внутри. Он нелюдим и сторонится людей только потому, что ведет себя несвойственно привычным общественным нормам.

Положительные проявления в ситуации (сильные черты)
Положительным проявлением ситуации является то, что человек получает удовлетворение от самого себя. Он сам себе нравится и не испытывает чувства неудобства или стыда, рассматривая себя в зеркале. Он красив и привлекателен, и он понимает это.

Отрицательные проявления в ситуации (слабости)
Отрицательным моментом такого поведения является то, что человек начинает рассматривать тех, кто рядом с ним, через призму внешнего впечатления. И вот уже вместо людей с разными характерами и взглядами появляются красивые и некрасивые, привлекательные и непривлекательные, что серьезно ограничивает кругозор.

Тенденции развития ситуации при положительном значении (что можно ожидать дальше)
Человек с таким настроем и отношением к жизни сможет достаточно легко переживать сложности и проблемы, которые его могут подстерегать. Ведь самый главный его интерес — он сам.

Тенденции развития ситуации при отрицательном значении (что можно ожидать дальше)
Отрицательное развитие ситуации — изоляция человека от привычного круга общения. От него мало-помалу начнут отворачиваться люди. И это в конце концов может привести к тому, что человек вынужден будет опуститься в более низкий социальный слой, где он не вызовет подобного к себе отношения, где все будут такими, как он.

XI ИЛА (STRENGTH)

Бессилие иль сила — все равно,
Когда ты страсть сдержать не можешь,
Когда тебе все ясно, решено
И только ты сама себе поможешь.

Не стой, не бойся, не ропщи,
Все, что ты хочешь, пред тобою,
И новой цели не ищи,
Возьми лишь то, что предназначено судьбою.

В бессилии есть свой предел,
Как и у силы есть границы.
Страшись остаться не у дел,
Не поняв, что должно случиться.

Сюжет карты

На карте запечатлен огромный, невообразимый фаллос, за который в отчаянии хватается полуобнаженная женщина, пытаясь удержаться на нем. Картина сюрреалистична, что лишний раз подчеркивает ее символику.

Значение карты в прямом положении

Колоссальный запас внутренних сил и желаний, которым никак не удается осуществиться, создает внутренний конфликт. Карта часто указывает на разницу во взаимоотношениях партнеров — возрастную, физиологическую, эмоциональную, социальную. И тогда один из партнеров, чтобы соответствовать другому, вынужден ограничивать себя, подавлять свой потенциал, а по сути — саморазрушаться.

Когда карты указывают на цель или планы, которые стремится осуществить человек, то эта карта говорит о том, что желания человека не могут быть осуществимы потому, что цель выбрана им не по силам.

Значение карты в перевернутом положении
В данной ситуации присутствует полная гармония. Все, что хочет человек, он сможет получить, и ничто его не остановит.

Во взаимоотношениях эта карта указывает на то, что партнеры обладают схожим потенциалом и способны сформировать гармоничный и прочный союз.

Положительные проявления в ситуации (сильные черты)
Положительной чертой этой ситуации является то, что человек обладает хорошим потенциалом. Однако время для его раскрытия еще не пришло, и придется еще много работать над собой, чтобы сила, скрытая в самом человеке, смогла проявиться во внешнем мире.

Отрицательные проявления в ситуации (слабости)
Отрицательной чертой является то, что человек выбирает себе задачи и людей для общения, которые ему не соответствуют. И каждый раз, потерпев фиаско, он бросается вновь покорять вершины, упуская реальные шансы и возможности.

Тенденции развития ситуации при положительном значении (что можно ожидать дальше)
Положительной тенденцией развития ситуации является то, что человек учится на своих ошибках. Его неудачи делают его мудрее и сильнее, закаляя дух и плоть. Он с каждым разом поднимается все выше и выше в развитии своих возможностей.

Тенденции развития ситуации при отрицательном значении (что можно ожидать дальше)
Отрицательным аспектом ситуации является то, что в просторечии звучит как «сломать себе шею». Человек идет к тому, чтобы очередная его авантюра закончилась для него плачевно и привела к полному провалу. Положение карты означает бессилие, причем как в прямом, так и в переносном смысле слова.

XII

ПОВЕШЕНЫЙ (THE PUNISHMENT)

Не жертва, лишь раба своих страстей,
Что правили тобой все это время,
Ты жизнь прожила без затей,
Несешь теперь расплаты бремя.

Корить не стоит никого,
Поскольку он виновен пред тобою,
И в чаше выпито вино,
Что называла ты любовью.

Стерпи, сумей превознести
Свою гордыню над судьбою,
Тогда ты сможешь крест нести,
Тогда ты сможешь стать собою.

Сюжет карты

Молодая женщина замерла от боли и наслаждения, которые захватили ее целиком. Она только что получила удар по ягодицам такой силы, что ее дыхание на миг остановилось. Но по ее позе, выражению лица и готовности, с которой она обнажилась, можно говорить о том, что она была готова к этому. И возможно, ей это даже нравится.

Значение карты в прямом положении

Жертва — непростая карта, поскольку она говорит о том, что человек чем-то непременно жертвует. Но вот почему или зачем он это делает, не всегда понятно. Жертва — это и наказание, и искупление, и расплата, и самопожертвование. За каждой из этих формулировок стоит реальный интерес человека или причина, которая вынудила его так поступить. Когда в качестве расплаты начинают расходовать силы своей души, то жертва начинает пожирать человека — об этом необходимо помнить всегда, независимо от причины, которая делает его жертвой.

Значение карты в перевернутом положении

Карта указывает на то, что человек совершенно не готов ни к жертве, ни к самопожертвованию. Все за него и для него должны сделать другие, а он лишь согласен благосклонно это принимать. Такой человек мелочен и капризен, заносчив и своенравен. Он готов использовать всех тайно и явно, лишь бы получать то, к чему он стремится.

Положительные проявления в ситуации (сильные черты)

Готовность сносить удары судьбы, из чьих бы рук они ни сыпались, — вот основное положительное значение. Это не столько покорность, сколько понимание того, что за все надо платить. В том числе и за ошибки, и за удовольствие.

Отрицательные проявления в ситуации (слабости)

Человек покорно сносит наказание. И не в том дело, заслуживает он его или нет, а в том, что даже не пытается что-то изменить, проявить один из ключевых инстинктов — инстинкт самосохранения.

Тенденции развития ситуации при положительном значении (что можно ожидать дальше)

Человек, претерпев удары судьбы и понеся заслуженное наказание, продолжит свой путь с чистой душой и полным спокойствием, поскольку он никому ничего не должен.

Тенденции развития ситуации при отрицательном значении (что можно ожидать дальше)

Отрицательной тенденцией является то, что человек, избегая заслуженного наказания, только усугубляет свое положение, накапливая груз вины, который он должен вынести. И рано или поздно этот груз накроет его с головой, заставив расплатиться за все, что он сотворил в этой жизни.

XIII

СМЕРТЬ (DEATH)

Так страшно и так нелепо,
Что все по сроку сочтено,
И утро, вечер и теченье Леты —
От Сотворенья все предрешено.

И лучше наслаждаться тем, что рядом,
Коль скоро в прах уйдет оно,
Жить и любить стараться безоглядно,
Разглядывая странное кино.

Кино, что называется Судьбою,
Как кадров череда и сцен,
А ты... Ты просто будь сама собою, —
И помни, в жизни нет печальных тем.

Сюжет карты

Ночь. Подворотня. При свете луны обнимаются двое влюбленных. И все бы ничего, но фигуры каждого из них можно видеть разве что только в самых страшных кошмарах. Это смерть в белом саване, которая пылает страстью к девушке с дьявольским хвостом и черными крыльями, которые простерлись над ними.

Каждый стремится получить свое и в конечном счете получает.

Значение карты в прямом положении

Ничто не вечно. Все имеет свой конец, несмотря ни на что. Но когда этот конец настает, человек не хочет принимать то, что уготовано ему не только судьбой, но и естественным ходом событий. Впрочем, смерть не только венчает окончание прежнего этапа жизни, но и говорит о наступлении нового, который может быть лучше и ярче прежнего.

Значение карты в перевернутом положении

Карта указывает на то, что человек не хочет и всячески останавливает изменения, которые начинают происходить в его жизни. Он привык к привычному ходу событий, а реальность вполне его устраивает, и он не готов к переменам. Но они не зависят от его желания и произойдут помимо его воли, при этом он будет сметен с пути.

Положительные проявления в ситуации (сильные черты)

Положительным является то, что наступил финал, конец, предел тому, что происходило в жизни. Это не трагедия, хотя это можно расценить и так. Естественный ход событий, который стоит принять, чтобы жизнь продолжила свое течение, сменив смерть на своем посту.

Отрицательные проявления в ситуации (слабости)

Человека переполняют эмоции, и он не в состоянии рассмотреть, что же на самом деле происходит с ним и с его жизнью. Он стремится лишь к тому, что способны увидеть эмоции, но не душа. А ведь только она может отличить «мертвые» человеческие маски от настоящих человеческих лиц.

Тенденции развития ситуации при положительном значении (что можно ожидать дальше)

Начало нового жизненного этапа. Но не стоит ждать его наступления в одночасье. Оно придет постепенно и неминуемо, как солнце, которое медленно встает из-за горизонта.

Тенденции развития ситуации при отрицательном значении (что можно ожидать дальше)

Если человек не примет естественного хода вещей и будет всячески вмешиваться в них и сопротивляться, то это приведет к тому, что его, как ненужную помеху, просто уберут.

XIV

УМЕРЕННОСТЬ (TEMPERANCE)

На качелях ветров мирно время качалось,
Чередою своей отмеряя нам путь,
Говоря о любви, той, что в сердце осталась
И шептала вослед: «Не забудь, не забудь...»

Тишина и покой — все безмерно в блаженстве,
И никто не рискнет в нем тебе помешать.
Оставаясь с любовью, ты часть совершенства,
Бытия и природы сестра ты и мать.

Ты забудь о волненьях, забудь о невзгодах,
Что наполнят года вереницей забот,
Жизнь течет и от года до года
Отмеряет положенный временем ход.

Сюжет карты

На карте мы видим молодую обнаженную девушку, лицо которой покрыто вуалью. Через нее видна спокойная радость на ее лице. Качели, которые несут девушку через спокойное безбрежное море, украшены цветами. На ее плечи с небес льется цветочный дождь. Но если присмотреться повнимательнее, то можно увидеть фигурку человека в шляпе и плаще, с развевающимся от ветра шарфом, который приютился у нее на коленях. Кто он? Я думаю, вы знаете ответ.

Значение карты в прямом положении

Спокойствие и блаженство, которым веет от карты, говорят вам о необходимости просто наслаждаться тем, что у вас есть. Сделайте передышку, остановите бесконечную скачку в погоне за выгодой. Вы живете не только вопреки всему, но и для того, чтобы наслаждаться жизнью. Безмятежность, комфорт, уют, довольство — все это частички жизни и наслаждения ее красотами.

Значение карты в перевернутом положении

Карта указывает на тревожность и беспокойство, которые царят в душе человека. Его суетливость и раздраженность обусловлены прежде всего тем, что он потерял контроль над происходящим и не может его обрести. Ему крайне необходимы отдых и психологическая разрядка. А дела никуда не денутся. Иначе он может совершить массу непоправимых ошибок.

Положительные проявления в ситуации (сильные черты)

В вашей жизни наступила долгожданная передышка. Это не застой, не пауза в делах, а заслуженный отдых, которым надо просто наслаждаться.

Отрицательные проявления в ситуации (слабости)

Человек не готов принять предложение отдохнуть и насладиться окружающим миром. Он, в запале и стремлении все успеть, не видит, что жизнь состоит не только из работы, но и из отдыха и получения удовольствия от простых вещей.

Тенденции развития ситуации при положительном значении (что можно ожидать дальше)

Отдых, приятное времяпрепровождение, наполненное интересными событиями и встречами. И лучше полностью окунуться в этот отдых, поскольку он заслужен и в какой-то степени закономерен.

Тенденции развития ситуации при отрицательном значении (что можно ожидать дальше)

Неприятие человеком естественного хода событий приведет к тому, что его нервы не выдержат накала ситуации и он заработает болезнь, на которую придется тратить время и силы.

XV

ЬЯВОЛ (THE DEVIL)

На зов природы все спешат толпой,
Не различая истинных стремлений.
И ты стоишь, манипулируя судьбой,
Как злой и непокорный Гений.

Что проку в добродетели тебе,
Коль выбрана дорога страсти Ада
И ты не ищешь ничего в себе,
Что послужило бы тебе наградой.

Идешь ты в мир, хватая все и всех,
Повелевая, покоряя и пленяя,
Для тех, кто жив в плену утех
И кто живет, себя не понимая.

Сюжет карты

На карте мы видим девушку-демоницу, как ее изображают художники-классики. Соблазняя своей красивой обнаженной фигурой, она хищно скалится в лицо тому, кто смотрит на карту. На ее голове красные рожки, а за спиной большие крылья летучей мыши. Все это призвано усугубить восприятие инфернальности картины. А за спиной у этого создания стоит мужчина в черных одеждах, на лице которого застыло удивление от того, что он видит перед собой. И он с готовностью и покорностью поддерживает крылья демоницы.

Значение карты в прямом положении

Сила сексуальных взаимоотношений между партнерами — немаловажная часть их отношений. Ее ни в коем случае нельзя скидывать со счетов, но ставить во главу угла было бы также ошибочно. Карта указывает на то, что человек пытается строить отношения с акцентом на удовлетворении своих сексуальных желаний. Но при таком подходе ему недолго от естественных стремлений перейти к искаженному и извращенному восприятию природы отношений между мужчиной и женщиной.

Значение карты в перевернутом положении
Карта указывает на то, что секс во взаимоотношениях между людьми стоит на втором плане.

Для карты деловых партнеров или друзей это вполне естественное положение вещей. Но если речь идет о серьезных взаимоотношениях, то карта указывает на явное упущение такого важного фактора. Причем такое поведение для человека не ханжество, а его выбор, говорящий и о низкой культуре секса, и наличии психологических комплексов, которые мешают ему полностью раскрыться.

Положительные проявления в ситуации (сильные черты)
Внимание, которое уделяет человек сексу и всему, что с ним связано, непременно благотворно скажется на любых взаимоотношениях. Его страстность и готовность к познанию этой стороны человеческих возможностей видна невооруженным глазом.

Отрицательные проявления в ситуации (слабости)
Слабость ситуации или человека заключается в том, что секс является одним из важнейших движущих факторов, которые объединяют людей, но при этом он не является главенствующим. И подобная ограниченность может привести к тому, что другие аспекты взаимоотношений останутся просто невостребованными.

Тенденции развития ситуации при положительном значении (что можно ожидать дальше)
Человек будет всячески стремиться к реализации своей естественной природы. Для него это станет важной частью жизни и серьезным доказательством того, что он важен и нужен.

Тенденции развития ситуации при отрицательном значении (что можно ожидать дальше)
В данном случае тенденция неблагоприятна, поскольку может так сложиться, что один из партнеров все же стремится к сексу и активной реализации своих потребностей сексуального плана. И тогда, если партнер не заметит этого стремления, он может найти удовлетворение на стороне.

XVI

Башня (THE TOWER)

Ты не видишь во тьме, ты не видишь во свете,
Сумрак сердце сковал, дождь стучит в голове,
И вот кажется, будто на свете
Ничего не поможет уж больше тебе.

Мрачен храм, что в душе ты создала,
Мрачен путь, по которому к храму бредешь,
И, наверное, главное в жизни настало,
Если б не страшный, невидимый дождь.

Ранит душу он, ранит сомненьем —
Для чего? От чего? И зачем надо все?
И единственный добрый, заботливый Гений
Открывает тебе снова сердце свое.

Сюжет карты

Мы видим замок с высоты птичьего полета. Мы словно летим ночью, сквозь дождь и ветер, чтобы рассмотреть то, что скрыто за его высокими и величественными шпилями. Черные тучи лишь сгущают краски, не позволяя что-либо рассмотреть детально. И все наши надежды только на молнию...

Значение карты в прямом положении

Все, к чему стремится человек, проходит через табу запретов и ограничений общественной морали, которая безжалостно разрушает все, что не угодно ей. И человек, лишаясь самого дорогого, что есть у него: своих стремлений и надежд, прибывает в угнетенном состоянии. Но часто это не столько внешние ограничения, сколько самостоятельные выводы человека, который считает свои мечты плохими. Этот конфликт бесконечен и приводит к изменению самих желаний человека в общепринятые.

Значение карты в перевернутом положении

Карта указывает на непростой период в жизни человека, когда происходит его обучение на собственных ошибках. Он пересматривает свое отношение ко многим вопросам и анализирует прошлое. Он восстанавливается после сложного периода жизни, который дал ему пищу для размышлений и бесценный опыт.

Положительные проявления в ситуации (сильные черты)

Человек лишается иллюзий и неверных взглядов. Да, их пора было бы отбросить во времена взросления, но это бывает крайне редко, и тогда жизнь готовит такие вот сюрпризы. Но дождь слез закончится, и все встанет на свои места, оставив в сердце шрамы-уроки, которые не забудутся никогда.

Отрицательные проявления в ситуации (слабости)

Подавленность, граничащая с раздавленностью, не позволяет человеку адекватно воспринимать происходящее. Для него мир закончился и все радостное и счастливое, что в нем было, перестало существовать. Это тягостное состояние, как трясина, затягивает человека все глубже и глубже.

Тенденции развития ситуации при положительном значении (что можно ожидать дальше)

Человек переболеет, и все войдет в свою колею. Просто надо принять то, что произошло, и вынести уроки из случившегося. И тогда все быстро начнет восстанавливаться.

Тенденции развития ситуации при отрицательном значении (что можно ожидать дальше)

Это не последний удар, который запасла судьба. И тогда будут новая вспышка молнии и новые лишения.

XVII ЗВЕЗДЫ (THE STARS)

Пленительна собой и столь прекрасна,
Что для нее нет слова «нет»,
Бывает, впрочем, и опасна,
Когда смешался в мыслях белый свет.

Надежда — там, а там — забвенье,
Лишь шаг — и ты сошел с пути,
Храни в душе оттенки озаренья,
Чтоб в грезы мыслей не уйти.

Не заблуждайся, верою томимый,
Твой враг не там, он лишь в тебе,
Когда, надеждою гонимый,
Ты призрака догнал в своей судьбе.

Сюжет карты

Над автострадами и дорогами жизни виден образ женщины, которая с радостью смотрит на то, что происходит в этом мире, таком маленьком для нее, но таком милом. Вуаль с ее лица откинута, и мы можем видеть прекрасную улыбку, которая озаряет мир.

Значение карты в прямом положении

Желания, мечты и планы человека в какой-то степени эгоистичны. Не то чтобы он не думал о других, но его мысли часто не учитывают того, что хотят окружающие. Тем не менее, несмотря на эгоцентричность, человек стремится к поставленным целям, игнорируя возражения со стороны и отношение к нему окружающих.

Значение карты в перевернутом положении

Карта говорит о человеке, который живет ради других и интересами других людей. Его день начинается с заботы о тех, кто попадает в поле его интересов. Он готов разделить с ними радость и печаль, прийти на помощь и сделать за кого-то сложную работу. Но несмотря на такую открытость и желание помочь, его не используют и его дружбой и доверием не злоупотребляют.

Положительные проявления в ситуации (сильные черты)

Человек искренне стремится достичь поставленных целей. Он хочет получить от жизни что-то такое, что доставит ему радость и наслаждение.

Отрицательные проявления в ситуации (слабости)

Человек в погоне за своей мечтой забудет о тех, кто находится рядом с ним. Он перестанет быть частью своего круга. Может быть, на какое-то время, а может, и навсегда.

Тенденции развития ситуации при положительном значении (что можно ожидать дальше)

Это отдых и наслаждение, которые ожидают человека впереди. А еще награда в виде достигнутой цели, поскольку то, к чему он шел, осуществилось.

Тенденции развития ситуации при отрицательном значении (что можно ожидать дальше)

Отрицательной тенденцией развития будет то, что человек не сможет достичь желаемого и вдобавок потеряет кого-то из своих преданных друзей или близких. И причина этого кроется в том, что начинал он свой путь вместе с ними, а потом забыл, не учел или попросту принес их в жертву своим амбициозным планам.

XVIII

УНА (THE MOON)

Хозяйка ночи, тайный управитель,
Ты видишь все, что в мраке скрыли мы,
Твоя небесная прекрасная обитель
Находится с той стороны Луны.

Ты правишь днем, невидимо, неявно,
Но видим мы все то, что сделано тобой,
Когда негаданно-нежданно
Считаем новый поворот своей судьбой.

Ты не спешишь, ты можешь долго помнить,
Ты можешь хитро выжидать,
И шанс не встретиться с тобой запомнить,
Что ложь от правды надо отличать.

Сюжет карты

В ночном небе над замком взошла полная Луна, которая освещает всю картину. Да и сама Луна не безлика, но наблюдает за тем, что происходит внизу.

Возле большого замка, спиной к нам, стоит женщина в одеждах танцовщицы, держа что-то в руке. Ее поза не позволяет нам рассмотреть, что же на самом деле скрыто. Из-за высоких каблуков и необычного головного убора из перьев женщина выглядит гораздо выше и внушительнее, чем есть на самом деле. И Луна, смотря нам в глаза, как бы спрашивает: «Узнаешь?»

Значение карты в прямом положении

Тайны, скрытые во мраке человеческой души, можно рассмотреть только тогда, когда они выйдут на поверхность. Их можно увидеть и в поведении человека, и в его словах, и тем более в поступках. Стоит только присмотреться и не дать обмануть себя тому таинственному туману, который скрывает все. Но не стоит ждать чего-то однозначного и ясного — там может быть все что угодно. Недаром древние говорили: «Чужая душа — потемки».

Значение карты в перевернутом положении
Карта указывает на явных врагов человека. Это могут быть люди, которые предпринимают конкретные шаги. Это могут быть и обстоятельства, которые создадут сложности и проблемы в его жизни. Карта указывает на то, что враг уже рядом и осталось очень мало времени на то, чтобы что-то предпринять.

Положительные проявления в ситуации (сильные черты)
На врагов и нависшую угрозу было обращено ваше внимание. И нет смысла отмахиваться или считать все это чьей-то шуткой. Все серьезно настолько, насколько вы готовы это понять.

Отрицательные проявления в ситуации (слабости)
Враги не только снаружи, они в самом человеке. Они не позволяют ему поступать так, как он хочет, и делать что-то, чтобы спасти себя.

Тенденции развития ситуации при положительном значении (что можно ожидать дальше)
Привлечение внимания к угрозе и наличию врагов сработало. Человек стал более осторожным и внимательным и старается больше анализировать, чем делать. Во всяком случае, в этот период времени.

Тенденции развития ситуации при отрицательном значении (что можно ожидать дальше)
Потеря контроля над каким-то аспектом своей жизни. Человек полностью разоружен и беззащитен, он не готов к встрече со своими врагами. Все это закончится вполне закономерно — потерями и разочарованием.

XIX

СОЛНЦЕ (THE SUN)

Пример Дедала заразителен для всех,
И на дороге к счастью места нет сомненьям,
И слышен радостный, чудесный смех,
Дающий право жизни новым поколеньям.

Раздумья неуместны там, где правит бал
Достаток, счастье с наслажденьем,
Лишь помнится, что радостный Икар
Недолго наслаждался тем мгновеньем,

Что радость и покой дает в сердца
Для всех, кто к солнцу прикоснулся,
И ветер счастья раздувает паруса,
И знаете, вдохнув его, никто назад
               уж больше не вернулся.

Сюжет карты

На карте запечатлен классический сюжет, в котором Икар воспарил к солнцу. С той лишь разницей, что Икар здесь изображен в виде женщины, которая несется ввысь на крыльях, расставив руки, как бы всем телом устремляясь к долгожданному счастью. И розовые облака, окрашенные лучами солнца, расходятся, создавая ей путь к вознесению.

Значение карты в прямом положении

Стремление жить и наслаждаться жизнью — вот основной девиз поведения человека, который изображен на этой карте. Для него есть только небо, его мечты, и чувство полета — их реальное воплощение. Все, чего он хочет, ему удается. И все, к чему он стремится, у него получается. Им правит колоссальная сила любви и свободы.

Значение карты в перевернутом положении

Карта указывает на то, что человек остался один в своем маленьком мирке. Ничего его не радует, ничего не происходит. Ощущение безнадежности. Однако карта говорит не о безвыходности, а лишь об ограниченности интересов человека. С этим можно и нужно бороться, начав жизнь с чистого листа. Для этого есть все необходимое.

Положительные проявления в ситуации (сильные черты)

Человек живет полной жизнью, беря все то, что может и хочет. Он наслаждается каждым прожитым мгновением, не превращая его в рутину или каторгу.

Отрицательные проявления в ситуации (слабости)

За достигнутым состоянием счастья и покоя человек может забыть о вполне естественных опасностях, которые могут его подстерегать. Невнимательность и расслабленность могут сыграть с ним злую шутку.

Тенденции развития ситуации при положительном значении (что можно ожидать дальше)

Тенденция проста — человек продолжает жить, и то, что он делает, приносит ему радость. Его планы реалистичны, а дела ему по силам. Каждый новый день говорит ему о том, что он любим судьбой.

Тенденции развития ситуации при отрицательном значении (что можно ожидать дальше)

Человек настолько зациклен в своем мирке и живет такими простыми понятиями, что они, даже воплотившись в реальности, не вызывают у него удовлетворения. Состояние затяжного пессимизма приводит к тому, что и дела у него начинают идти неважно.

XX

УД (THE JUDGEMENT)

Прекрасен мир в его многообразьи,
И в смене дней, недель и лет,
Он так непостоянен и прекрасен,
Как может быть прекрасен белый свет.

То, что забыто, не покрыто мраком,
Надежда не уходит насовсем,
И снова в мир, как будто из оврага,
Взлетает голубь — символ перемен.

Не новых, нет, но старых и забытых,
Тех, что не помнят за движеньем лет,
Но чистых, солнечных, росой умытых,
Стремящихся увидеть новый свет.

Сюжет карты

Предрассветное утро на лесной поляне с высокими и стройными деревьями, которые стремятся только ввысь, не видя преград. На ковре из травы и цветов лежит обнаженная женщина, лица которой мы не видим. Но мы видим, что лежит она на чем-то, напоминающем холм. Или могилу? Из низа живота, меж ее ног, вылетают голуби, устремляя свой полет вверх, навстречу солнцу.

Значение карты в прямом положении

То, что исчезло когда-то, не значит, что исчезло насовсем. В природе все умирает и все возрождается вновь в ее более красивом и чистом образе. Карта говорит о том, что человек или ситуация трансформируется, перерождается, чтобы предстать перед окружающими в совершенно новом виде. Это новый уровень развития, существования, восприятия, чувств, новый уровень жизни.

Значение карты в перевернутом положении

То, что ушло, ушло безвозвратно. Его невозможно вернуть и с ним невозможно что-либо сделать. Нет смысла горевать об упущенном, есть смысл продолжить жизнь, делая то, что хочется, но уже по- иному, с учетом прошлых ошибок.

Положительные проявления в ситуации (сильные черты)

В прошлом осталось то, что требует вашего внимания и усилий. То, что вчера казалось неважным, сегодня стало для вас на первое место. И вы имеете возможность сделать то, что вчера сделать не сумели.

Отрицательные проявления в ситуации (слабости)

От вновь возникшей ситуации из прошлого человек ожидает слишком многого. Что его ждет и что он может взять? Нельзя сказать сразу. Но можно точно утверждать, что человек не сможет вернуть назад все то, что было раньше.

Тенденции развития ситуации при положительном значении (что можно ожидать дальше)

Человек, имея опыт прошлого, начинает умело и целенаправленно действовать. Шанс, который подарит ему судьба, будет удачным в его руках.

Тенденции развития ситуации при отрицательном значении (что можно ожидать дальше)

Человек, желая возродить в полном объеме свое прошлое, не хочет и не готов понимать того, что ушедшего не воротишь. Все позади, и нужно дальше жить так, как это получается, а не так, как хочется. Иначе очень легко увязнуть в прошлых воспоминаниях и эмоциях.

XXI

МИР (THE WORLD)

Любовь — хозяйка мира и Вселенной,
Лишь там, где власть ее, царит покой,
И это остается неизменным,
И это не меняется судьбой.

И не спешите вы менять любовь на что-то,
Что часто призрачнее чувств,
Что лишь дает другим заботы,
А вам приносит страх, печаль и грусть.

Любовь не купишь, не возьмешь украдкой,
Она иль есть, иль ее нет.
И миг ее, такой большой и сладкий,
Пусть длится много-много лет.

Сюжет карты

Среди просторов бескрайнего космоса несется земной шар. На нем сидит обнаженная женщина, которая подгоняет его бег. Она оседлала земной шар, как ковбой, и теперь он подвластен ее воле. И ковбойские сапоги, и шляпа, и револьвер — все это подчеркивает волевой и напористый характер женщины, которая готова править миром.

Значение карты в прямом положении

Весь мир в руках человека, и все, что хочет, он может получить. Более того, мир готов предоставить ему помощь и поддержку. Такое бывает не часто, а лишь тогда, когда судьба и стремления человека сходятся воедино и нет предела для самых смелых начинаний. Все мы — дети мира. И он, как заботливый отец, дарит нам подарки. Иногда заслуженно, а иногда просто потому, что любит нас.

Значение карты в перевернутом положении

Карта говорит о том, что человек не принимает мир таким, какой он есть. Он не может свыкнуться с тем положением вещей, которое присутствует в мире, и всячески пытается его изменить. И всякий раз терпит поражение, поскольку природа мира гораздо сильнее людской блажи и суждений.

Положительные проявления в ситуации (сильные черты)

Человек получает все то, к чему он стремится, и все то, что он хочет. Это важный и, пожалуй, единственный момент в данном значении карты.

Отрицательные проявления в ситуации (слабости)

Человек получил не совсем то, что хотел. Да, все в принципе верно, но не все так, как хочется, — эдакий изъян или дефект, который его не устраивает.

Тенденции развития ситуации при положительном значении (что можно ожидать дальше)

Перед человеком начинают открываться новые перспективы. Он уже по-новому смотрит на мир и все то, что в мире происходит. В его жизнь начинают вторгаться новые планы и обстоятельства.

Тенденции развития ситуации при отрицательном значении (что можно ожидать дальше)

Человек, стремясь получить только то, что он понимает, начинает совершать ошибки. Его капризы и недальновидность приводят к тому, что мир ограничивается лишь полем его интересов. Ему становится скучно и неинтересно, впрочем, мир отвечает ему взаимностью.

МЛАДШИЙ АРКАН. МАСТЬ ОГНЯ

МАСТЬ ОГНЯ (FIRE)

Страсть рвет все преграды, запреты снимая,
И сердце трепещет, пощады не зная,
Я жду в нетерпеньи, без мысли, без боли,
К тебе и к себе я сгораю любовью.

Но кто, так пленивший и мысли, и чувства, —
Чужой или свой в страшной силе искусства,
И в боли, и в страсти, в надежде сгорая,
Вот миг, еще миг — и надежды растают.

Но миг бесконечен, насыщен тобою,
Наверное, кто-то назвал бы любовью,
Но нет здесь такому понятию места,
Я просто желания плоти невеста.

Сюжет карты

На карте изображена обнаженная женщина, глаза которой закрыты. Все, что она готова видеть, — это страсть, которая у нее внутри. Ее рот полуоткрыт, а по губам сочится кровь от сердца, которое она держит в своих руках. Она уже вкусила его плоть, и новые чувства переполняют ее. Но чье же это сердце?

Значение карты в прямом положении

Карта указывает на всплеск сексуальной энергии. Внутренняя активность человека требует удовлетворения, но при этом он совершенно не отдает себе отчета в моральной стороне своих поступков. Это приводит к частой смене партнеров, которая является вполне естественным поведением в данном состоянии.

Женщина, которую мы видим, готова действовать без оглядки на общественное мнение для удовлетворения собственных потребностей. Она готова выкачать все силы из любого, лишь бы утолить внутреннюю жажду.

Значение карты в перевернутом положении

Карта указывает на то, что человек скрывает свои чувства и стремления глубоко внутри себя. Причиной этого могут быть и моральные ограничения, и незнание того, как выразить свои чувства партнеру. Как правило, подобное состояние проходит, но если нет, оно может превратиться в серьезную внутреннюю проблему (об этом можно судить по дополнительным картам)

Положительные проявления в ситуации (сильные черты)

Положительным моментом в ситуации является сама чувственность, сила эмоций, которые есть у человека и которые он не стремится сдерживать. Он готов свободно выражать все, что есть у него на сердце, и все, что говорит его страсть.

Отрицательные проявления в ситуации (слабости)

Отрицательным моментом является то, что человек практически не отдает отчета своим поступкам. Все, что его интересует, — это удовлетворение собственного желания любой ценой.

Тенденции развития ситуации при положительном значении (что можно ожидать дальше)

Страсть утихнет, и за темной ночью будет следовать рассвет, как тяжелое или легкое похмелье от событий вчерашнего дня. Каким будет это утро, уже не важно, поскольку все получили то, к чему стремились.

Тенденции развития ситуации при отрицательном значении (что можно ожидать дальше)

Человек, так и не найдя способа выражения своих чувств, может сделать неверные выводы. Неадекватное поведение партнера может также этому способствовать. И более того, человек может пойти вопреки своим желаниям и чувствам, лишь бы отомстить «обидчику».

МАСТЬ ОГНЯ (FIRE)

Природы красота многообразна,
И нега в ней поистине прекрасна,
Обворожительна она, без сожаленья,
И потому вы ловите пикантные мгновенья.

Не стыд и не позор, а лишь довольство.
К чему скрывать? К чему притворство?
Мне нравится лишь то, что удивляет,
И трепет в кровь глядящего вселяет.

А мне. Мне надо лишь мгновенье,
Когда внутри души возникнет сожаленье.
Да, не с тобой. И вот тебе награда —
Ты смотришь вновь, и нам обоим это надо.

Сюжет карты

На карте запечатлены две женщины, которые, сидя в совершенно откровенных позах, обнажили свои вагины. Они совершенно не стесняются тех, кто смотрит на них: людей с фотоаппаратами, которые неслучайно присутствуют на столь нетривиальной демонстрации женских прелестей. И каждый из собравшихся получает то, что хочет: женщины — удовлетворение, репортеры — новые и востребованные кадры.

Значение карты в прямом положении

Поведение человека, на которое указывает данная карта, далеко выходит за рамки привычных представлений о морали. Он осознает свою природу, силу своей сексуальности и влияние этой силы на окружающих людей. Это приводит к тому, что человек начинает провоцировать противоположный пол своим шокирующим поведением.

Со стороны может показаться, что человек крайне распущен и невоздержан в поступках и демонстрации себя на публике. В общении его интересует только секс и все, что к этому ведет.

Значение карты в перевернутом положении

Карта указывает на скромного и стеснительного человека. Все его поступки овеяны робостью и неуверенностью в себе и своих возможностях. Но это внешняя оболочка, которая скрывает человека, готового остро чувствовать и воспринимать все, что есть в этом мире.

Положительные проявления в ситуации (сильные черты)

Человек не отвергает свою сексуальность и привлекательность, способность влиять на других людей. Он использует это во благо себе, получая откровенное наслаждение от этой природной игры.

Отрицательные проявления в ситуации (слабости)

Описанные методы не являются единственно верными. И рано или поздно человек просто не сможет управлять происходящим по привычной схеме, а новых он попросту не знает. И тогда он станет жертвой в этой странной игре.

Тенденции развития ситуации при положительном значении (что можно ожидать дальше)

Человек, находясь в лучах внимания и колоссального интереса общества к своей персоне, пользуется этим и получает реальную выгоду. Это не просто сексуальное позерство, а метод достижения цели.

Тенденции развития ситуации при отрицательном значении (что можно ожидать дальше)

Сдержанность и ограниченность в проявлении своих естественных желаний постепенно приведет к внутреннему конфликту и неудовлетворенности, которая помимо сексуальной сферы начнет распространяться и на другие области его жизни, тем самым как бы ища виноватого в его страданиях.

МАСТЬ ОГНЯ (FIRE)

Ты оробел, ты скован и встревожен,
Ты не привык, ты очень осторожен.
Вот потому, не дожидаясь ласки,
Сама к тебе иду я без опаски.

Да и к чему мне опасаться?
Кого страшиться и кого бояться?
Но робок ты, застенчив от природы,
Я разожгу твой пыл — так требует порода.

Ну что же ты? Ну, право, сколько можно
Глядеть и думать крайне осторожно?
Пройдет немного времени, я знаю,
И страсть моя в безвременье растает.

Сюжет карты

На скамейке в городском парке сидит молодой человек. Он одет скромно, но при этом не совсем уместно. Его костюм и котелок черного цвета диссонируют и с цветущей зеленью парка, и с обнаженной фигурой девушки, которая сидит у него на коленях.

Она сбросила свои одежды, разбросав их на траве, и целиком отдалась своему желанию быть с этим застенчивым юношей, который несколько шокирован таким поведением.

Значение карты в прямом положении

Карта указывает на неадекватное проявление своего интереса и желания, которое не может быть воспринято партнером из-за различий в моральной оценке происходящего. Для человека нет ограничений в проявлении своих чувств. Общественная мораль его не сильно заботит.

Причем такое положение вполне устраивает обоих партнеров, поскольку одному доставляет удовольствие, что его завоевывают, а другому нравится завоевывать. Хотя со стороны эта пара может восприниматься как охотник и дичь — она вполне равноправна.

Значение карты в перевернутом положении

Карта указывает на навязчивость и неуместность ухаживаний, проявлений интереса. Один человек крайне недоволен излишним давлением со стороны другого, поскольку не испытывает ни симпатии, ни интереса, ни какого-либо желания общаться.

Карта указывает на то, что человек сторонится другого вполне осознанно, не желая иметь с ним ничего общего.

Положительные проявления в ситуации (сильные черты)

Человек не ограничен в достижении своей цели. Но не все средства приемлемы в конкретном случае, даже если нет понимания, что именно стоит предпринять. Если есть человек, то найдутся и методы управления.

Отрицательные проявления в ситуации (слабости)

Человек делает упор на природной сексуальности и внешней привлекательности, которые для него служат основными козырями. Но остальные аспекты влияния им забыты.

Тенденции развития ситуации при положительном значении (что можно ожидать дальше)

Получив свою долю внимания, человек будет выбирать, нужен ли ему партнер, которого пришлось так трудно завоевывать. Ведь сама по себе победа — уже награда. А нужно ли что-то большее?

Тенденции развития ситуации при отрицательном значении (что можно ожидать дальше)

У таких отношений немного перспектив, поскольку люди очень плохо чувствуют друг друга. Они думают и ощущают по-разному и не могут найти компромисса. Это не противостояние. Это проба сил и интересов, которая закончится ничем.

МАСТЬ ОГНЯ (FIRE)

Наслаждайся же мной и испей без остатка,
Для тебя наслажденье — горькой жизни услада.
Для меня — шанс на большее, но он не с тобою,
Лишь глупец назовет это дейстo любовью.

Нет здесь места для этого сладкого чувства,
Ни в тебе, ни во мне, ни в поступке искуса,
Мы берем от судьбы каждый то, что он знает,
Новый день настает... Для чего? Я не знаю.

Может, завтра, а может быть, даже сегодня
Скажешь ты, что натешился этой любовью.
Я? Что же я? Я — покорна, согласна,
Я смиренна. Но помни при этом: опасна.

Сюжет карты

Полумрак частично скрывает то, что происходит в комнате. Может быть, потому, что это слишком интимно. А может быть, и потому, что не вся правда должна быть известна окружающим. Но лучи света, которые проникают в комнату и солнечными бликами отражаются на стене, говорят о том, что этот полумрак искусственный. Женщина, лица которой не видно, прислонилась к столу. Ее наготу скрывает лишь разорванная блузка, которая спадает с плеча. Мужчина, гораздо старше нее, стоя на коленях, целует ее живот, страстно обхватив бедра.

Значение карты в прямом положении

Карта чаще всего указывает на тайные, скрытые от других глаз отношения. Это может быть служебный роман или тайная любовная связь. Но могут быть и вполне естественные отношения, которые люди не хотят афишировать.

Помимо этого карта указывает на то, что один из партнеров манипулирует другим, используя его сексуальное влечение и пристрастия. Это указывает на определенное рабство, которое выгодно обоим. Один получает выгоду, второй — наслаждение.

Значение карты в перевернутом положении
Карта указывает на насилие во взаимоотношениях. Один из партнеров обладает властью над другим и использует эту власть так, как ему выгодно.

Карта может указывать и на моральное насилие в семье или паре, а также на насилие на работе, в частности когда один вынужден стать рабом другого.

Положительные проявления в ситуации (сильные черты)
Положительного проявления в данной ситуации нет, поскольку налицо манипуляция и использование одного человека другим. Можно, конечно, говорить о некоей выгоде, удовольствии, которое получает «хозяин». Но вы сами понимаете, что это всего лишь завуалированное рабство, которое непросто оправдать.

Отрицательные проявления в ситуации (слабости)
Жертва постепенно может стать хозяином положения. Привязав партнера к себе, она сможет манипулировать им так же, как недавно это делал он.

Тенденции развития ситуации при положительном значении (что можно ожидать дальше)
В случае если ситуация будет развиваться в трактовке «прямой карты», то она приведет к полному поглощению чувства собственного достоинства персонажа-жертвы. Он просто смирится со своей участью, считая, что это единственно верное решение.

Тенденции развития ситуации при отрицательном значении (что можно ожидать дальше)
Всякое насилие имеет причину и имеет свой конец. В этом случае конец трагичен. Насилие будет только нарастать и рано или поздно приведет к трагедии. Но пока еще есть время для того, чтобы остановить насильника.

МАСТЬ ОГНЯ (FIRE)

Так много сил в тебе, так много страсти,
Что для одной ты не рожден и не создан,
И не беда, что похоти напасти
Тебя готовы поджидать всегда.

Не думаешь — зачем? Не спорю,
Когда горит внутри — должно тушить пожар,
И только время может успокоить,
И то не факт, когда страстей угар.

Не стоит ждать остепененья,
И преданности ждать, и теплоты,
Лишь похоть правит балом, без сомненья,
А ты несешь к ее ногам цветы.

Сюжет карты

Мы видим оргию в классическом стиле древнегреческих вакханалий. Мужчину страстно обнажают две женщины, срывающие последние одежды с его ухоженного тела. Все в этой картине находят свою долю наслаждения, не мешая друг другу, а лишь усиливая страсть.

Значение карты в прямом положении

Двойственность и необузданность стремлений, на которые указывает данная карта, чаще всего означают наличие у человека противоречивых влечений к противоположному полу. Такому человеку всегда недостает того, что дает ему один партнер. Ему требуется всего больше, разнообразнее, для того чтобы удовлетворить свои стремления.

Карта может указывать и на наличие у человека сторонней связи, особенно в сочетании с предыдущей. Но чаще указывает на внутреннюю неудовлетворенность и скрытое стремление ее удовлетворить.

Значение карты в перевернутом положении

Карта указывает на наличие у человека внутренних проблем, как психологического, так и физиологического характера, связанных с сексом. Человек попросту не может нормально и естественно общаться с противоположным полом и всячески избегает таких контактов.

Причем сам человек свыкся с тем, что у него есть реальные сексуальные проблемы, и не стремится их разрешить.

Положительные проявления в ситуации (сильные черты)

Подобного рода необузданность, или гиперактивность, может рассматриваться как положительное проявление лишь в том случае, когда человеку еще нет 25 лет. Когда он в поиске своего идеала и в попытке осознать все силы, которые бурлят в нем.

Отрицательные проявления в ситуации (слабости)

Но если мы говорим о более зрелом человеке, то можем сказать о том, что он запутался в своих желаниях. Возможно, его партнер не соответствует его темпераменту, и это подталкивает его к поиску. Но возможно и то, что его несдержанность способна найти любое оправдание, лишь бы быть реализованной.

Тенденции развития ситуации при положительном значении (что можно ожидать дальше)

Ситуация может развиваться лишь в одном направлении, а именно человек, не сумев найти своего идеала, так и будет находиться в постоянном поиске. И не важно, что его не существует и не может существовать, поскольку цель человека — сам поиск.

Тенденции развития ситуации при отрицательном значении (что можно ожидать дальше)

Отрицательная тенденция данной ситуации — одиночество и уединенность, ограничение контактов со всеми, кто хоть как-то напоминает человеку о его сексуальной неполноценности.

МАСТЬ ОГНЯ (FIRE)

Время есть у меня, почему не развлечься,
Почему бы не дать волю страсти своей,
Проходя, мимоходом, от мира отречься,
От иллюзий, морали и пошлых идей.

И к чему они мне, ведь ход жизни недолог,
Упустил ее здесь — упустил навсегда,
Так откроем для чувств этот призрачный
                                              полог,
Что скрывает моралью поступка сердца.

Нет, не нужно надежд, обязательств,
Ведь меж нами всегда пустота,
Ты и я — мы по воле простых обстоятельств
Будем вместе сейчас. А потом — никогда.

Сюжет карты

За столиком кафе сидит молодая женщина. Столик стоит на улице, ничем не отделенный от повседневной жизни и забот горожан. И происходящее здесь кажется таким же естественным, как и все, что мы видим вокруг.

Дама заказала себе ужин, и официант предлагает ей аперитив. Но ее интересуют не вино и еда, а сам официант и его мужские возможности, которые она пытается, протянув руку, немедленно проверить. Ее платье приподнято в знак того, что она хочет его заинтересовать.

Значение карты в прямом положении

Скука и безделье порой толкают человека к новым взаимоотношениям. Об этом говорит карта. Ничего серьезного, глубинного и важного в том, что хочет получить от партнера человек, нет.

Но это не легкий флирт, а более серьезные стремления, которые не могут длиться долго из-за большой разницы между партнерами. Она может выражаться и в статусе, и в возрасте, и в отношении к жизни.

Значение карты в перевернутом положении

Карта указывает на то, что человек активно ищет связь на стороне. Его интерес к партнеру неоднозначен. Но вместо того, чтобы направить свои силы в этом направлении и нормализовать отношения, он ищет нового партнера, чтобы там получать желаемое наслаждение.

Карта часто символизирует кризис 16 и 40 лет, когда человек ищет физиологических, а вернее, сексуальных подтверждений своим возможностям.

Положительные проявления в ситуации (сильные черты)

Человек не желает выносить пресный привкус, который появился в его жизни. Застой и болото не для него. И он, почувствовав это, немедленно стремится разогнать скуку.

Отрицательные проявления в ситуации (слабости)

Отсутствие избирательности и вдумчивости — вот что можно считать серьезным отрицательным моментом. Человек не готов ждать и выгадывать, а тем более задумываться о приличии. Он просто живет так, как ему выгодно.

Тенденции развития ситуации при положительном значении (что можно ожидать дальше)

Утолив жажду приключений и немного развеяв скуку, человек входит в свое привычное русло, и его поведение становится таким же, каким и было раньше. Его больше не волнуют приключения и игры на стороне. До поры до времени.

Тенденции развития ситуации при отрицательном значении (что можно ожидать дальше)

Произойдет подмена понятий, и вместо того, чтобы завершить все вполне естественным образом, человек продолжит поиск приключений, который может затянуться надолго.

МАСТЬ ОГНЯ (FIRE)

В бессилии нет славы, но и нет забвенья,
Конечно, кто-то прав, — не в этом суть,
Не наполняй сосуды тела сожаленьем,
Иначе никогда с тоскою не уснуть.

Хотя, вернее, должен пробудиться,
Ведь столько важного вокруг тебя,
И все, что есть, должно случиться,
Как хмурая насмешка бытия.

Лежи иль встань, но делай что-то,
Не слышишь — хоть скажи в ответ,
Но тишина, как эхо крышки гроба,
Вставай! — последний мой совет.

Сюжет карты

На больничной койке лежит мужчина, которого еле-еле видно из-за скопления полуобнаженных женских фигур, страстно и настойчиво пытающихся удовлетворить свои сексуальные желания. Руки лежащего неподвижны, а лицо, зажатое меж ног одной из женщин, не может поведать нам, жив ли он вообще.

Значение карты в прямом положении

Карта указывает на то, что человек находится на границе физического и морального истощения. Его гиперактивная и разнообразная жизнь привела к тому, что он даже не в состоянии уделить внимание одному партнеру, не говоря уже об иных сферах своей жизни, в которых он также не может сделать ничего стоящего.

Тем не менее карта часто указывает на то, что человек продолжает вести порочный образ жизни из последних сил до тех пор, пока обстоятельства его не остановят.

Значение карты в перевернутом положении

Карта указывает на то, что человек находится в состоянии ступора. Он ничего не хочет и ни к чему не стремится. Это не аномалия, просто так он привык жить, перемежая периоды активности и покоя.

Положительные проявления в ситуации (сильные черты)
Человек стремится жить активной жизнью и брать от нее все, что он в состоянии взять. Его стремительность и неуемность могут стать предметом зависти для тех, кто инфантилен и ленив.

Отрицательные проявления в ситуации (слабости)
В таком бешеном темпе, в котором проходит жизнь человека, не может быть глубины ощущений и чувств. Он лишь проходит по вершинам собственных ощущений, путая довольство с удовольствием, а чувственность с чувствами.

Тенденции развития ситуации при положительном значении (что можно ожидать дальше)
Человек на грани кризиса, наступление которого предопределено. Пока не ясно, где произойдет катастрофа — будет ли она физическим недугом, или болезнью, или психическим расстройством, — но она уже стала частью человека. Положительным аспектом можно считать лишь то, что на какое-то время погоня за удовольствиями прервется.

Тенденции развития ситуации при отрицательном значении (что можно ожидать дальше)
Ступор и апатия, в которых находится человек, приведут к тому, что он все глубже будет погружаться в трясину безутешности и отчаяния. И таким образом недалеко до бегства от себя и других. В малом проявлении- это затворничество, в большом — суицид.

МАСТЬ ОГНЯ (FIRE)

Это вновь, это так необычно,
Несравнимо ни с чем, и нельзя описать,
И не важно, что вам это все непривычно,
Что нельзя взять, услышать, пощупать, ласкать.

Не стремлюсь я к реальности блеклой,
Там, во сне, в грезах, краше, милей,
И росой наслажденья насквозь я промокну,
Получив, что хочу, все быстрей и быстрей.

Потеряю контакт с этим миром — не страшно,
Больше он, чем положено сердцу вместить,
Но живу и мечтаю я разнообразно,
Чтоб потом ни о чем никогда не грустить.

Сюжет карты

Карта сочетает в себе реальность и вымысел, плоть и иллюзии. Перед нами женщина, которая постепенно обнажается, отдаваясь каким-то своим внутренним стремлениям и посылам, о чем указывают ее закрытые глаза и наслаждение, которое застыло у нее на лице. За ее спиной запечатлены все ее мысли и желания: и мужские руки, которые тянутся к ней, и лицо пожилого человека, который пытается обратить на себя ее внимание, и сказочная птица, которая летит в небесах. От реальности, такой простой и черно-белой, остался лишь клочок, который виднеется в углу карты.

Значение карты в прямом положении

Иллюзии, мечты, грезы — все это управляет человеком. Он не в состоянии видеть реальность такой, как она есть на самом деле. И зачастую сама реальность не вызывает никакого интереса. Человека интересуют лишь экзотические виды связей, которые начинаются с секса по телефону или переписки по Интернету и заканчиваются свиданием вслепую. Но при этом человек не готов переходить к активной фазе общения, ставя барьеры и ограничения партнеру или партнерам.

Значение карты в перевернутом положении

Человек в своих стремлениях к реализации необычных фантазий переходит от мечты к активным действиям. Ему уже недостаточно просто мечтать или воображать. Первым, кто об этом узнает, будет его партнер, которому необходимо словом и делом помочь разделить в сознании близкого человека мечты и реальность, достижимое и иллюзорное.

Положительные проявления в ситуации (сильные черты)

Сама способность человека фантазировать и вносить разнообразие в окружающий мир, безусловно, является его яркой и положительной особенностью. Если бы не «но», о котором вы узнаете ниже.

Отрицательные проявления в ситуации (слабости)

Человек постепенно начинает терять связь с реальностью и перестает критично оценивать свои мысли и поступки, которые стали продолжением его фантазий. Он постепенно поглощается миром грез, откуда выйти совсем непросто.

Тенденции развития ситуации при положительном значении (что можно ожидать дальше)

Рано или поздно реальность берет верх. И фантазии остаются там, где им и положено находиться, являясь лишь поводом для размышлений и опорой для возможных планов.

Тенденции развития ситуации при отрицательном значении (что можно ожидать дальше)

Прагматизм и реализм, которые приветствуются человеком, не позволяют видеть всей глубины чувств, которые присутствуют в этом мире. Его желания становятся простыми и понятными, что делает вкус жизни чересчур пресным.

МАСТЬ ОГНЯ (FIRE)

Я покорю тебя, возьму, как захочу,
Не соглашусь, что мне не надо это.
А ты молчи, ведь я молчу,
Беру свое, не требуя ответа.

Сама решу, что нужно мне,
И как уместно мне, и как угодно,
Тебе лишь остается в тишине
Дождаться и стоять покорно.

Не видит нас никто, ты не робей,
Ведь жизнь одна, живи со вкусом,
И ты, мой страстный лицедей,
Сейчас ты искушен моим искусом.

Сюжет карты
В городской арке застыли две фигуры. Вокруг город, суета, гудят машины и бегут по своим делам люди. И только здесь, в тени, разворачивается необычный сюжет. Высокий чернокожий мужчина в черных очках, держащий в руках тетради и книги, несколько опешил от поведения молодой светлокожей девушки, которая обхватила рукой его фаллос.

Значение карты в прямом положении
Карта указывает на то, что человеком в данных обстоятельствах движет любопытство, интерес, стремление ощутить или познать что-то в своей жизни, что является новым или запретным. Это поиск новых ощущений, которые помогут избавиться от скуки и рутины жизни. При этом степень поиска и уровень удовлетворения своих стремлений никак не ограничены и могут выражаться и в сексе со случайным человеком, и в более экзотических отношениях.

Значение карты в перевернутом положении
Карта указывает на человека, который всячески сторонится всего нового. Не то чтобы это новое было ему не интересно, просто оно по большому счету не трогает его, оставаясь лишь пред-

метом для размышлений. Человек консервативно и весьма ограниченно смотрит на взаимоотношения и формы общения между мужчиной и женщиной.

Положительные проявления в ситуации (сильные черты)

Несмотря на некоторый авантюризм в поведении, человек стремится познать мир во всем его разнообразии. Все, что появляется рядом, все новое и интересное немедленно подлежит изучению.

Отрицательные проявления в ситуации (слабости)

Человек постепенно перестает осознавать рамки дозволенного, и некоторые авантюры могут очень дорого ему обойтись. Не все вокруг него так легко и просто готовы общаться с миром.

Тенденции развития ситуации при положительном значении (что можно ожидать дальше)

Утолив жажду к новому и необычному, человек, полный новых впечатлений, продолжает идти своей дорогой. Он познал какую-то частичку мира, которая была важна и нужна для него в данный момент жизни.

Тенденции развития ситуации при отрицательном значении (что можно ожидать дальше)

Человек, очень сильно ограниченный в мировосприятии, постепенно начинает испытывать острую нехватку в том, что ему действительно важно. Оставаясь в прошлом, консервативном, восприятии, он превращается в машину, которая движется лишь по заданному маршруту.

МАСТЬ ОГНЯ (FIRE)

Власть и сила самца — это повод для дела,
Внешний вид — не защита, но все ж...
Ну, а ты? Ты другого от жизни хотела?
Правит тот, у кого длинный нож.

Захотел и пошел,
Не имея ни в чем сожалений,
А тебе дальше жить, просыпаясь в поту
И страшась этих липких мгновений.

Не ждала, не гадала, не знала беды,
Все когда-то впервые случается.
Ты борись, ты кричи, ты уйди от судьбы,
Иногда все же так получается.

Сюжет карты

На лестничной площадке, между этажами, вдали от жильцов и соседей, разворачивается драма. Мужчина, в майке и помятых штанах, схватил молодую девушку. Ее короткая юбка приподнята. На лице ужас и отчаяние от предчувствия самого страшного, что она может себе представить. Ведь насильник уже приготовился, держа напряженный фаллос в своей руке.

Значение карты в прямом положении

Карта указывает на то, что человек находится в состоянии жертвы. Причем все его попытки вырваться из этого состояния лишь усиливают интерес к нему и разжигают желание. Он — жертва, которая должна быть настигнута любой ценой. А тот, кто возомнил себя охотником, не собирается останавливаться ни перед чем.

Карта указывает на моральное насилие. А если она будет сопряжена с подтверждающими картами, то может говорить и об угрозе изнасилования.

Значение карты в перевернутом положении

Карта указывает на то, что человек находится в состоянии насильника. Он деспот, тиран. Его стремление властвовать и повелевать всеми становится угрожающим.

Положительные проявления в ситуации (сильные черты)
Положительных проявлений у этой карты нет, поскольку насилие, которое совершается или будет совершено по отношению к человеку, не может дать ему ничего, кроме страшного опыта, от которого бы с радостью отказались все жертвы.

Отрицательные проявления в ситуации (слабости)
Жертва сама провоцирует своего насильника — своим поведением, внешним видом, отношением к человеку, — разжигая огонь его желания.

Тенденции развития ситуации при положительном значении (что можно ожидать дальше)
Когда эта карта находится в прямом положении, указывая на то, что человек уже является или станет жертвой насилия, тенденция может быть одна — отстаивание своих интересов, своей чести и достоинства любой ценой.

Тенденции развития ситуации при отрицательном значении (что можно ожидать дальше)
Насильник или тиран, на которого указывает карта в перевернутом положении, не имеет каких- либо перспектив. Он и дальше будет делать то, что ему хочется и нравится, получая моральное и физическое удовлетворение. И остановить его может только сила, которую применят по отношению к нему.

АЖ. МАСТЬ ОГНЯ (FIRE)

Мне больше ничего не надо,
Весь мир кружится предо мной,
И только мне одна награда —
С достоинством пройти свой путь земной.

Я не согласен все пустить на самотек
И не согласен с тем, что жизнь сама устроит,
Не верю я ни в чох, ни в рок,
Меня лишь дело сможет успокоить.

Мне важно знать, что нужен я,
Мне важно знать, что важен.
К чему томленья бытия,
В делах земных не обойтись без кип бумажных.

Сюжет карты

По больничному коридору идет мужчина в расстегнутом халате. Кто он? Врач? Пациент? Посетитель? Мы пока не знаем. Коридор, стены, пол и потолок — все окрашено в красный цвет. Но это не цвет страсти, а цвет крови, которая молит человека об отдыхе, когда глаза, красные от усталости, не могут видеть ничего, что происходит вокруг.

Значение карты в прямом положении

Карта указывает на усталость. Она практически кричит о том, что человек находится на грани физических и психических сил. Он видит все происходящее через призму борьбы и проблем, с которыми надо бороться, совершенно не замечая от усталости, что это естественное положение вещей.

Человек перестал получать удовольствие от жизни, заменив все борьбой с миром и его обстоятельствами. Взаимоотношения и секс для него почти перестали существовать.

Значение карты в перевернутом положении

Карта указывает на безмерную лень и колоссальное нежелание что-либо делать самостоятельно. У этой лени нет никаких причин и нет ничего, чтобы можно было использовать в оправдание человека. Он просто хочет жить так, чтобы все его желания выполнялись без его участия. Карта часто указывает на то, что один из партнеров становится пиявкой, которая высасывает жизненные силы из другого.

Положительные проявления в ситуации (сильные черты)
Человек готов идти до конца, не останавливаясь и не моля о передышке. Его цель может быть достигнута, несмотря на препятствия и личную усталость, несмотря ни на что.

Отрицательные проявления в ситуации (слабости)
Человек стал машиной, механизмом, который видит все вокруг согласно собственным целям и планам. Его борьба с миром и его проблемами постепенно превращает его в неврастеника.

Тенденции развития ситуации при положительном значении (что можно ожидать дальше)
Человек находится в одном шаге от больничной койки. Его организм истощен и психические силы на исходе.

Тенденции развития ситуации при отрицательном значении (что можно ожидать дальше)
В данном случае также нет ничего положительного, поскольку человек не собирается что-либо предпринимать. Пока рядом есть кто-то, кто может взвалить на себя ответственность за его жизнь, сделать что-то вместо него, он будет этим пользоваться. Пробуждения от летаргии ждать не приходится.

РЫЦАРЬ. МАСТЬ ОГНЯ (FIRE)

Риск кружит голову и бередит,
Все это есть во мне, не маска и не облик,
И тот, кто в тишине сидит,
По мне пропащий он иль стоик.

Мое — не в том, чтобы спокойно ждать,
Мое — чтоб на бегу мне не забыться,
В лихом полете жизнь не переждать,
А полной грудью бегом насладиться.

Мир больше — я хочу вам рассказать,
И он прекраснее, чем все о нем рассказы,
И надо просто двигаться — не ждать
И иногда готовым быть к его проказам.

Сюжет карты

По лесной тропе навстречу новому дню и голубому небу скачет серый в яблоках конь. Он несет на себе всадницу — молодую девушку, которая, встав на стременах, всем своим телом устремлена вперед. Красный платок, который кокетливо развевается на ветру, еще больше усиливает экспрессию сюжета.

Значение карты в прямом положении

Карта указывает на стремительное и активное развитие ситуации. Если она сопряжена с картой личности, то это говорит об активном и целеустремленном человеке, для которого бег, движение, поиск новых впечатлений является нормой жизни. Впрочем, присутствуют некоторая суетливость и гиперактивность в его поведении, которые могут слегка раздражать окружающих.

Значение карты в перевернутом положении

Карта указывает на замедление, практически полную остановку в развитии ситуации. Но в этом нет ничего страшного, поскольку для ситуации это вполне естественный процесс. Любые шаги, которые будут направлены с целью активизировать действие, приведут лишь к тому, что ситуация может начать свое развитие в совершенно ином направлении, и лучше в нее не вмешиваться.

Положительные проявления в ситуации (сильные черты)
Человек не готов ждать. Он готов к действиям, решительным и ярким. Он не боится трудностей пути и нового — того, что ждет его впереди.

Отрицательные проявления в ситуации (слабости)
Человек не замечает возможных опасностей и угроз. Его стремительный бег не позволяет ему рассмотреть все, что находится рядом и вокруг него. Тем более что опережение не всегда лучше опоздания.

Тенденции развития ситуации при положительном значении (что можно ожидать дальше)
Дорога закончится, и всадник придет к финишу, к той цели, которую он себе наметил. Не важно, что это за цель. Важно, что она достижима и будет достигнута.

Тенденции развития ситуации при отрицательном значении (что можно ожидать дальше)
Потеря контроля за происходящим. Человеку придется многое сделать, если он захочет наверстать упущенное.

ОРОЛЕВА. МАСТЬ ОГНЯ (FIRE)

Стремительна, активна, своенравна,
Она напор и скопище идей,
Но между тем мила, забавна,
Нежна и искренна, и юность с ней.

И на закате лет, и на восходе
Она покладиста и в тот же миг вольна,
Смела, слегка надменна по природе,
И кажется, в своих мечтах она одна.

Не верь всему, что в облике увидишь,
Нет, там не фальшь, скорее там броня,
И бойся ты, коли ее обидишь,
И никому не будет жаль тебя.

Сюжет карты

Крупным планом мы видим девушку, которая лежит на кровати. Ее поза демонстрирует нам двойственность состояния, в котором она находится. С одной стороны, она обнажила интимную часть своего тела, представив нам все свои прелести. С другой стороны, она прикрывает их руками, как бы стесняясь своей откровенной позы. Но лицо, губы и глаза говорят, что стеснительности в ней гораздо меньше, чем страсти.

Чуть вдали, у окна комнаты, через которую за всем происходящим смотрит Луна, мы видим две фигуры. Как тени, которые застыли на фоне окна.

Значение карты в прямом положении

Карта указывает на юную женщину или только- только начавшие формироваться чувства, которые еще не могут пока найти адекватного отношения со стороны окружающих. Да и сам человек пока не знает, чего он хочет от этой жизни. Тем не менее энергия и сила страсти, которая все набирает обороты, не должны оставаться без контроля. И контроль этот невозможно обеспечить изнутри, а только снаружи.

Карта персональная и помимо состояния указывает на женщину, для которой всегда важны собственные чувства и отношение к ней. Причем нередко она бывает капризной, поскольку окружающие далеко не всегда в состоянии уловить ее настрой.

Значение карты в перевернутом положении

Карта указывает на женщину, которая точно знает, чего она хочет от жизни, и что главное — знает, как этого достичь. В просторечии таких женщина называют стервами — сильные, властные, они способны достичь любой цели. Человек стремителен в своих мыслях и поступках, но не импульсивен и не готов поступать опрометчиво.

Положительные проявления в ситуации (сильные черты)

Страсть и желание — эти чувства никогда не были слабостями и никогда не являлись злом для человека. Это сила характера и сила страстей, которые способны сдвигать горы на своем пути.

Отрицательные проявления в ситуации (слабости)

Человек рано или поздно потеряет голову. Страсть и чувства, охватив сознание, могут толкнуть его к необдуманным поступкам.

Тенденции развития ситуации при положительном значении (что можно ожидать дальше)

Человек будет получать от жизни все, что он хочет и к чему стремится. Нельзя сказать, что это будет легко или сложно, но вполне достижимо и реально.

Тенденции развития ситуации при отрицательном значении (что можно ожидать дальше)

Конфликты с окружающими. Особенно они остры, когда человек не в полной мере разобрался с природой свои чувств и походя ставит других людей в неловкое положение.

ОРОЛЬ. МАСТЬ ОГНЯ (FIRE)

Что хочешь ты, мне невдомек,
К чему стремишься, не могу сказать,
Опасен ты, как жар у ног,
Которого не погасить и не отбросить вспять.

Прекрасен? Можно так сказать,
Но странна красота мужская эта,
И проще показать красу клинка,
Чем грацию железного стилета.

Ты незатейлив, по-мужскому прост, —
Но что ж еще от человека надо?
Когда встает он в полный рост,
То восхищенный вздох — его награда.

Сюжет карты

Мы видим мужчину с перьями на голове и накидкой-пончо, которая частично скрывает его тело. Все, начиная с его красноватой кожи и заканчивая старым ножом, говорит о его принадлежности к племени индейцев. Но важна не столько национальность, сколько природные качества, которые характерны для данной нации и культуры. На его лице застыла улыбка, а глаза обращены вверх, как бы демонстрируя нам его отношение к жизни и его устремления.

Огонь за его спиной и дым у ног — вот его союзники, которые, как и он, стремительны и независимы.

Значение карты в прямом положении

Данная карта является персональной и указывает на мужчину, который всегда преследует только свои интересы. Он самодоволен, эгоистичен и часто не очень умен. Для него важно лишь произвести впечатление на окружающих людей как своим видом, так и поступками. Его мужские качества, которые чаще всего присутствуют лишь во внешнем облике и манерах, производят должное впечатление на окружающих.

При общем значении карта добавляет в расклад пафос поведения и игру, которая нацелена на то, чтобы произвести впечатление на других людей.

Значение карты в перевернутом положении

Карта указывает на то, что перед нами сильный и целеустремленный человек. Его движение в жизни целиком и полностью связано с достижением поставленной цели. И если таковой нет, то человек не проявляет интереса к этому делу. Он умен и хитер. Он не коварен, но и не готов позволять другим думать, что они умнее или сильнее него.

Положительные проявления в ситуации (сильные черты)

Перед вами мужчина, который верен своему слову и готов взять на себя ответственность за происходящее. Его воля и решительность, вкупе со звериной красотой, не могут оставить никого равнодушными.

Отрицательные проявления в ситуации (слабости)

Природная грубость и неотесанность, как известно, присущи знакам Огня. Человек может не хотеть обидеть другого, но такой у него характер — прямой и независимый, который способен на всякие сюрпризы.

Тенденции развития ситуации при положительном значении (что можно ожидать дальше)

От такого человека можно ожидать только одной тенденции развития — вперед, и только вперед, на удовлетворение своих желаний и потребностей.

Тенденции развития ситуации при отрицательном значении (что можно ожидать дальше)

Назревает конфликт, который намеренно или не намеренно спровоцировал Король Огня. Он идет вперед, расталкивая всех, и посему недовольные и обиженные начинают роптать.

МЛАДШИЙ АРКАН. МАСТЬ ВОДЫ

МАСТЬ ВОДЫ (WATER)

Корабль готов, подняты паруса,
На карте путь давно уж обозначен,
Плыть по волнам не скучно никогда,
Тем более когда ведет удача.

Она наполнит верой паруса,
Заполнит трюмы доверху надеждой,
Чтобы никто не знал и никогда
Отчаяния и чтоб не звал невеждой.

Восторг, романтика, задор —
Все ты смешала в чаше драгоценной,
Плыви вперед, ведь ждет тебя простор,
И помни счастья вкус бесценный.

Сюжет карты
На карте изображена девушка в форме морского офицера. Но вольность, с которой она носит эту форму, обнажив грудь, говорят о том, что перед нами не только моряк, но и прекрасная женщина. Ее губы и слегка прищуренные глаза намекают на то, что с ней можно отправиться не только в плавание...

Вдали видна корма большого фрегата, который готов отплыть по бурному морю — туда, к горизонту человеческих чувств.

Значение карты в прямом положении
Карта говорит о том, что впереди вас ждут новые впечатления и знакомства, которые не только ожидаются, но и весьма востребованы. Человеку просто необходимы перемены в жизни и в общении, которые способны открыть ему новые горизонты.

Реже данная карта указывает на молодую девушку, слегка сумасбродную и эмоциональную, которая воспринимает окружающий мир лишь через призму эмоций и чувств. Он совершенно не задумывается ни о своих словах, ни о последствиях этих слов, целиком и полностью концентрируясь на эмоциях.

Значение карты в перевернутом положении
Карта говорит о том, что человек полностью погрузился в эмоциональную летаргию. Он не хочет ничего нового и не готов ни с кем общаться.

Часто эта карта указывает на состояние, возникшее после серьезной душевной травмы или конфликта, которые переживает человек.

Положительные проявления в ситуации (сильные черты)
Впереди лишь новое и неизведанное, которое манит и ждет. Все уже готово, и лишь нерешительность задерживает отплытие.

Отрицательные проявления в ситуации (слабости)
Будущее неопределенно. Что ждет впереди — радости или разочарования, приобретения или потери, — сказать однозначно нельзя.

Тенденции развития ситуации при положительном значении (что можно ожидать дальше)
В дальнейшем можно ожидать шага вперед и развития ситуации. Она принесет много нового и неожиданного, но в целом позитивного.

Тенденции развития ситуации при отрицательном значении (что можно ожидать дальше)
Состояние ступора и застоя временное. Оно пройдет, поскольку всему есть начало и конец. И ничего не предвещает новых бед, если, конечно, человек сам не натворит новых глупостей.

МАСТЬ ВОДЫ (WATER)

Пожалуй, провела, заставила, сломила,
И слабость верх над силою взяла
И все сомнения в беспамятстве забила.
Когда смогла, принудила, влюбила.

Не то чтоб тайный план, но замысел страстей,
Что без движения не могут оставаться,
Эмоции полны идей,
Не в силах ты от многих отказаться.

Зачем? Иль почему? Таков твой нрав,
А прочие пусть бегают толпою,
Все за тобой... Иль я не прав?
Я прав. А ты так и останешься собою.

Сюжет карты

В пруду мы видим юношу и девушку. Он обнимает ее, а возможно, только что вытащил из холодных и мрачных вод, которые освещает полная луна, придавая картине мрачность и таинственность.

Ситуация двойственна, и говорить что-то однозначно пока слишком рано. При свете луны не все, что видится, является таковым.

Значение карты в прямом положении

Карта указывает на внутреннюю потребность, черту характера, которая побуждает человека управлять и подчинять других, доминировать в отношениях с партнерами. Человек, на которого указывает эта карта, имеет двойственное поведение. С одной стороны, он спокоен, но через мгновение впадает в истерику. Он хочет истинных чувств, но, с другой стороны, согласен на их суррогатное проявление. Каприз сменяется согласием, а вычурность — скромностью.

Значение карты в перевернутом положении

Карта указывает на слабого, подчиненного человека. Он не способен отстаивать свои интересы и не способен к каким-либо активным действиям в своей судьбе.

Он просто плывет по течению, изредка получая указания о том, что ему следует делать, а от чего стоит воздержаться.

Положительные проявления в ситуации (сильные черты)
Коммуникабельность и открытость — вот, пожалуй, единственные положительные черты ситуации. И они будут оставаться таковыми лишь до того момента, пока человек готов вести себя подобным образом. Но затем его капризы моментально перечеркивают все его старания.

Отрицательные проявления в ситуации (слабости)
Человек внутренне нестабилен. Он суетится и мечется, стараясь уловить нить своего желания. Он как бы раздвоился, стремясь к многому и не успевая ничего.

Тенденции развития ситуации при положительном значении (что можно ожидать дальше)
Человек наконец-то сможет взять себя в руки. Но это не произойдет в одночасье и чудесным образом. Лишь преданный друг сможет вывести его из такого состояния, проявляя такт и терпение.

Тенденции развития ситуации при отрицательном значении (что можно ожидать дальше)
Человек потеряет и тех немногих друзей, которые рядом с ним. Мало кто может вынести столь странное поведение и стремление быть правым любой ценой.

МАСТЬ ВОДЫ (WATER)

Голова закружилась, и мысли смешались,
Что-то в сердце не так, а вот что — не пойму,
Встречи нет, ты и я не расстались,
Все равно пустота или жар — не пойму, что к чему.

Разум глух в час, когда громыхают литавры
Чувств, эмоций, страстей и желаний моих.
Никогда прежде так не хотелось мне славы,
Для себя, для души, написать краткий стих.

Он расскажет всем то, что со мною творится,
Но перо не готово об этом писать,
Ах, наверное, лучше бы мне раствориться —
Не в бумаге, а в чувствах и мыслях опять.

Сюжет карты
В чистой голубой воде плывет девушка. Она, как Афродита, столь же прекрасна и невинна, и столь же свободно чувствует она себя в этой стихии. Она вся устремлена туда, где ее ждет новое и более яркое чувство, чем то, которое осталось в прошлом.

Значение карты в прямом положении
Карта указывает на то, что человек готов окунуться в мир эмоций, переживаний и ощущений, который раскрыло ему его собственное «Я». Ему нравится то, что он испытывает и переживает. Ему никто не нужен, поскольку он наслаждается гармонией и чувствами, которые идут изнутри него. Он понимает, что не одинок. Он знает, что любим. И точно хочет, чтобы это состояние продолжалось как можно дольше.

Значение карты в перевернутом положении
Карта указывает на то, что человек очень одинок. Его окружение не понимает его и не в состоянии сопереживать тем чувствам, которые бурлят у него в груди. И ощущение того, что весь мир от него отвернулся, серьезно тяготит человека.

Положительные проявления в ситуации (сильные черты)

Человек предельно открыт — он готов воспринимать каждый вздох, каждую каплю росы и каждый звук этого огромного и прекрасного мира.

Отрицательные проявления в ситуации (слабости)

Человек настолько открыт всему и настолько всем верит, что он может стать легкой добычей тех, кто используют наивность и открытость людей, чтобы их обмануть. Но человека не пугают такие перспективы.

Тенденции развития ситуации при положительном значении (что можно ожидать дальше)

Перспективы такой ситуации можно высказать фразой: «Жизнь — полная чаша». У человека есть любовь, взаимопонимание и верные друзья.

Тенденции развития ситуации при отрицательном значении (что можно ожидать дальше)

Отрицательная сторона развития ситуации на самом деле не настолько отрицательна. Да, человеку придется нелегко, поскольку одиночество и изоляция, в которую он попадает, пережить совсем не просто. Но в то же время он сможет уделить внимание себе, своим эмоциям и переживаниям, отделив важное от второстепенного, и тем самым познать себя.

МАСТЬ ВОДЫ (WATER)

Час настал, и пора тебе что-то решить,
Так стоять нет ни сил, ни желанья,
Или воду страстей стоит вместе испить,
Или каждому в путь, там, где будет признанье.

Ждешь, с одной стороны, а с другой —
Ты готова сбежать без оглядки,
Но мы связаны вместе прекрасной судьбой,
С которой играешь ты в прятки.

Подожду, постою, потерплю и дождусь,
Все конечно: заботы, проблемы, —
И тогда мы с тобой вместе тронемся в путь,
И придут в нашу жизнь перемены.

Сюжет карты

Стоя по колено в воде, женщина набирает воду в ведро. В лесу ее подстерегает немало опасностей или случайных встреч. Как, например, сейчас.

За ее спиной стоят два охотника. Один не проявляет к ней никакого видимого интереса. Но другой, что стоит ближе, пристально и изучающее смотрит на нее. Однако девушка не выглядит испуганной. В ее позе — вызов.

Значение карты в прямом положении

Страх и неуверенность в себе и своих возможностях находятся в самом человеке и в его неверной самооценке. Он не столько боится партнера, сколько боится своей ошибки в отношениях с ним. В общении часто переключается с межличностных вопросов на бытовые и весьма понятные. Так женщина, которая начинает стесняться своего партнера, начинает уделять больше внимания быту и хозяйству, стараясь уйти от неприятной для нее темы.

Значение карты в перевернутом положении

Карта указывает на уверенное и понятное поведение человека. Он точно знает, чего хочет и чего добьется. Это карта расчета, который основан как на личном опыте, так и на знании психологии человека. Это не игра, а целенаправленное и продуманное управление ситуацией.

Положительные проявления в ситуации (сильные черты)
Человек видит то, чего он боится или опасается. Он знает, что представляют собой его страхи, и при желании может противостоять им. Это лучше неведения, в котором многие пребывают.

Отрицательные проявления в ситуации (слабости)
Человек, ведомый страхом, начинает проецировать его на многие жизненные ситуации. И там, где бояться нечего, возникает зловещая тень опасения, которая может расстроить все планы.

Тенденции развития ситуации при положительном значении (что можно ожидать дальше)
Увидев свой страх, как и увидев своих врагов, человек встает перед выбором: бояться и жить или бороться и жить? Скорее всего, он выберет последнее, но не все так однозначно.

Тенденции развития ситуации при отрицательном значении (что можно ожидать дальше)
Весь мир постепенно превращается в кошмар, а дуновение ветерка вызывает панику. Человек все глубже и глубже погружается в пучину своих страхов и не может с ними справиться.

МАСТЬ ВОДЫ (WATER)

Не плыви, не тони, надо что-то решить,
Так нельзя, но нельзя и иначе.
Не кричи, посмотри, нам не стоит спешить,
Не кори ты за счастье удачу.

Там, где разума нет, там лишь чувства кипят,
Где нет мыслей, одни ощущенья,
Не сказал бы, что я по-серьезному рад,
Но пугают меня те мгновенья,

Что смешали все в жизни твоей и моей:
Страсть, эмоции, ревность, капризы.
Хватит! Стой! Усмири ход страстей.
Ни тебе и ни мне не по нраву сюрпризы.

Сюжет карты

Юноша спасает тонущую девушку. Кажется, тут все предельно ясно. Но если посмотреть на детали картины, то водная стихия, в которой тонет девушка, это не столько вода, сколько эмоции, готовые поглотить их.

На лице юноши злость или ревность, оттого что в смятении или по невнимательности его спутница осталась полуобнаженной. Она же пока не замечает его реакции, и для нее важно лишь то, что он может ее спасти.

Значение карты в прямом положении

Карта указывает на то, что человек занимается самообманом. Его страх, который начинает контролировать его эмоции, только усиливает эту тенденцию.

Во взаимоотношениях между людьми эта карта указывает на безграничную страсть, которая поглощает обоих. Но в то же время она вселяет в них страх того, что все может когда-то закончиться. И этот страх начинает проступать в отношениях в виде ревности и взаимных обид.

Значение карты в перевернутом положении

Карта указывает на манипуляции, которые совершает один человек при помощи эмоций другого: игра на нервах, угрозы суицида, — которые направлены не то, чтобы подчинить себе другого. Такая игра весьма эмоциональна и не знает границ. Более того, ее нельзя выиграть и нельзя проиграть, поскольку победителю нужны вся воля без остатка и последующее наслаждение собственной победой, которое может длиться вечно.

Положительные проявления в ситуации (сильные черты)

Наличие серьезных чувств еще никогда не считалось чем-то плохим для развития взаимоотношений между людьми. Вот только бы они хоть немного контролировали свои чувства, чтобы не стать заложниками собственных эмоций.

Отрицательные проявления в ситуации (слабости)

Безрассудство и требовательность рука об руку изливают эмоции на головы тех, кто желает их видеть в своей жизни. Желание обладать и желание быть единственным может толкнуть человека на самые безрассудные шаги. Ревность никогда не бывает разумной.

Тенденции развития ситуации при положительном значении (что можно ожидать дальше)

Пережив этот бурный период, взаимоотношения пары вошли в спокойное русло, без всесокрушающих страстей и излишних переживаний.

Тенденции развития ситуации при отрицательном значении (что можно ожидать дальше)

Если не пережить ситуацию и не попытаться взять под контроль свои чувства, то пару ждет расставание. Такого накала страстей и взаимных претензий им долго не выдержать.

МАСТЬ ВОДЫ (WATER)

Ты мил, приветлив, интересен,
Но такт и ханжество мешают подойти,
Ты стал бы мне весьма полезен,
Как только сможешь ты произнести

Все, что я прочитала в твоем взоре,
Что в мыслях тех, которые слышны,
И кажется, бегут они, как кони в чистом поле,
Чтобы в один момент наездника найти.

Я здесь, и сбруя и седло готовы,
Ты сделай шаг и не робей,
И запрягу тебя, ты будешь новой
Игрушкою в руках моих идей.

Сюжет карты

Над водной гладью воды виднеется голова бегемота. Он с интересом наблюдает за той, что наблюдает за ним. Это полуобнаженная женщина, которая совершенно не беспокоится о том, что происходит за ее спиной. Ее всецело поглотило любопытство, с которым она разглядывает это огромное животное.

Значение карты в прямом положении

Карта говорит о том, что человек проявляет к кому-то нескрываемый и неподдельный интерес, который чаще всего обусловлен первичными симпатиями и зарождающимися чувствами. При этом человек способен на нестандартные поступки, лишь бы привлечь внимание к своей персоне. Но они редко выходят за рамки благоразумности.

Значение карты в перевернутом положении

Карта указывает на безразличие и холодность, которые демонстрирует один человек по отношению к другому. Ему действительно нет никакого дела до другого человека, и его совершенно не заботит, как он к нему относится. Карта указывает на интерес одной персоны по отношению к другой без какой-либо взаимности.

Положительные проявления в ситуации (сильные черты)

Положительным проявлением является наличие у человека пытливого и острого ума, который способен подсказать выход из самых сложных ситуаций или помочь достичь того, что хочет человек.

Отрицательные проявления в ситуации (слабости)

Человек, полностью увлеченный своей целью, забывает о правилах поведения, которые может нарушать. Он не готов видеть угрозу, воспринимая мир лишь с положительной стороны и не желая видеть в этом сюжете того, что было бы неприятно.

Тенденции развития ситуации при положительном значении (что можно ожидать дальше)

Человек добился своего и получил внимание и расположение нужной ему персоны. Теперь настала очередь следующего этапа, а именно формирования отношений, которые еще только зарождаются.

Тенденции развития ситуации при отрицательном значении (что можно ожидать дальше)

Человек лишится того, что для него действительно важно. Его холодность и отрешенность сделают свое дело, разрушив интерес к нему и желание общаться.

МАСТЬ ВОДЫ (WATER)

Скрип половиц, стук шагов за стеной,
Что-то чудится или реально?
Кто-то есть, и охотится он не за мной, —
Или за мной? Сила страха фатальна.

Он придет, он войдет, и ничто на пути
У него встать не сможет, ты знаешь,
Не уйти, и себя ты не сможешь спасти,
Если сердце молчать не заставишь.

Сила в разуме, сила в сознаньи,
Что от страха забились под стол,
Но один на один со своим ты желаньем:
Выжить, жить и любить, и чтоб ужас прошел.

Сюжет карты

Струи воды омывают юное тело девушки. Лишь тонкая стеклянная перегородка отделяет ее от того, кто только что вошел в душевую. Это человек? Или монстр? Выглядит устрашающе. Его фигура вызывает страх и заставляет кровь стынуть в жилах. Но девушка не видит всего этого, наслаждаясь теплом и комфортом.

Значение карты в прямом положении

Карта говорит об ощущении страха, опасности, которое начинает жить в человеке. Причем эти чувства не имеют прямого объяснения и причины, но лишь являются подсказкой человеку о надвигающейся угрозе.

Данную карту можно было бы назвать картой интуиции, если бы не то, что человек из всех предчувствий выбирает лишь те, которые касаются опасностей и страхов и часто весьма и весьма преувеличены.

Карта может указывать на угрозу заболевания мочеполовой сферы или венерического заболевания, но при расположении рядом карт-уточнений.

Значение карты в перевернутом положении

Карта говорит о том, что человек совершенно не ощущает страха или беспокойства по отношению ко всему, что происходит с ним. Это смесь фатализма и безразличия делает человека похожим на бегемота, которого ничто не может взволновать. Это также карта железной логики и точного расчета.

Положительные проявления в ситуации (сильные черты)

Человек остро чувствует, если в его жизни начинает происходить что-то, что может нести угрозу ему или его интересам. Его интуиция прежде всего вылавливает сигналы опасности и агрессии, которые направлены против него.

Отрицательные проявления в ситуации (слабости)

Остро чувствуя мир, все его проявления, а особенно страхи и угрозы, непросто справиться с собственными эмоциями, которые не могут рассказать нам о том, как избежать всего этого. Они лишь сковывают движения и мешают думать.

Тенденции развития ситуации при положительном значении (что можно ожидать дальше)

Следующим шагом после выявления страха будет определение методов борьбы с ним. Человек начинает думать, как избежать угрозы и что необходимо предпринять в конкретном случае.

Тенденции развития ситуации при отрицательном значении (что можно ожидать дальше)

Личностная инфантильность и недальновидность позволяют человеку принимать решения только тогда, когда проблема налицо и немногое можно изменить. Ему придется бороться с угрозой тогда, когда она уже набрала силу и стала почти неизбежной.

МАСТЬ ВОДЫ (WATER)

Осознай, что не спрячешься ты, если надо
За тобой проследить, если нужно найти,
Просто помни, что приз — это чья-то награда
Для того, кто идет у тебя позади.

Не мишень и не приз, но объект интереса,
Скрыто то, что за ним, и поди уясни,
Что припрятал в душе этот странный повеса
И какие его устремленья души.

Не волнуйся ты так, это может случиться
И с тобой, и со мной, а быть может, и с ним,
Что прошло — то прошло, и не стоит виниться,
Все расстает, расстает как дым.

Сюжет карты
Девушка стоит по колено в воде, приподняв подол платья. Что она делает в озере, не так важно, как то, что происходит рядом с ней, на берегу.

В дерево, что стоит рядом, воткнута стрела, пущенная чьей-то рукой. Кто ее пустил и с какой целью — неизвестно.

Значение карты в прямом положении
Карта говорит о том, что за человеком пристально наблюдают. Он стал для кого-то весьма интересен, и все его дела и поступки подлежат пристальному изучению. Впрочем, этот интерес не представляет для самого человека угрозы. Это не исключено лишь в том случае, если ему есть что скрывать от других.

Значение карты в перевернутом положении
Карта говорит о том, что человек стал безразличен всем тем, с кем он общается. К нему перестали испытывать интерес и желание общаться. Это часто говорит о том, что человек вел себя крайне эгоистично и окружению попросту надоело плясать под его дудку.

Положительные проявления в ситуации (сильные черты)

Положительным проявлением ситуации можно считать то, что сам человек или то, чем он занимается, заслуживает внимания. Это в определенной степени признание того, что кому-то данное занятие небезразлично.

Отрицательные проявления в ситуации (слабости)

Неизвестно, кто наблюдает, по какой причине и что у него на уме. Непонятен сам фактор угрозы, которую может представлять наблюдатель. И конечно, есть некоторое опасение как естественная реакция, поскольку сложившаяся ситуация не может не сказываться на общем настрое человека.

Тенденции развития ситуации при положительном значении (что можно ожидать дальше)

Положительной тенденцией можно назвать то, что если человек занят чем-то дельным и достойным, то интерес может перерасти в общение или взаимовыгодное сотрудничество. Что чаще всего и происходит, если надежды наблюдателя оправдываются.

Тенденции развития ситуации при отрицательном значении (что можно ожидать дальше)

Если человек перестал быть интересен тем, с кем он общается, то напрашиваются два вывода. Возможно, он настолько погрузился в себя, что общаться с бессловесным созданием у людей нет ни желания, ни времени. А возможно, он перерос свое окружение и перестал быть понятным для других. В любом случае этот критический период в общении принесет перемены в жизнь человека.

МАСТЬ ВОДЫ (WATER)

Довольна ты собой, судьбой и миром,
Ты не со всеми — ты одна,
И жизнь кипит, и жизнь идет, и счастье
правит миром,
А в сердце уж поет весна.

Неважно, как посмотрят, назовут, —
Ты не страшишься слов толпы бумажной,
Ведь главное, что радость — прыткий плут —
Естественна, а остальное все не важно.

Как было до того — не помнишь ты,
Но было сложно, нестерпимо.
Теперь полна ты радости, и мир цветы
К твоим ногам кладет игриво.

Сюжет карты

Перед триумфальной аркой, которая символизирует победу, мы видим фигуру девушки. Она, расставив ноги и высоко подняв юбку, демонстрирует все, что обычно скрывается от посторонних глаз. Она счастлива от того, что сейчас происходит в ее жизни. И лужа, в которой она стоит, и люди вокруг, и машины — ничто не может ее смутить.

Значение карты в прямом положении

Карта указывает на изменения, которые произошли в жизни человека. Причем изменения весьма благотворны, поскольку прошлые отношения, которые доставляли больше проблем, чем удовлетворения, подошли к концу. Для этого этапа характерны удовлетворение, ощущение благополучия и свободы. Человек демонстрирует миру открытость и готовность к новому.

Значение карты в перевернутом положении

Карта указывает на то, что человек категорически не хочет меняться. Перед ним могут открыться новые перспективы, стоит лишь сделать шаг и принять мир таким, какой он есть. Но человек не готов к этому. С одной стороны, он страшится нового, а с другой — старое для него слишком дорого, чтобы с ним попрощаться. Он так и стоит на распутье, не желая сделать выбор.

Положительные проявления в ситуации (сильные черты)
Это начало нового этапа в жизни человека. Он ощущает перемены, он понимает, что прошлое, какое бы оно ни было, уже за спиной. И готовность принять то, что принесет судьба и новый день, очень важна.

Отрицательные проявления в ситуации (слабости)
Человек на какое-то время потерял контроль за происходящим. Новое и сильное чувство вскружило ему голову, заставив забыть обо всем на свете.

Тенденции развития ситуации при положительном значении (что можно ожидать дальше)
Новое входит в жизнь постепенно, но надолго и всерьез, изменяя привычный ход жизни. Ведь нового требуют новые отношения, и оно начнет формироваться во всем, что есть у человека.

Тенденции развития ситуации при отрицательном значении (что можно ожидать дальше)
Новое, так и не найдя места в жизни человека, пройдет мимо. Оно не будет уговаривать его и ждать — у времени свой черед. А человек так и останется со старым и будет искренне сожалеть об упущенной возможности.

МАСТЬ ВОДЫ (WATER)

Сейчас ли плыть или когда рассвет забрезжит?
Невмоготу терпеть и ждать луча зари,
Готова я к пути, к походу в бесконечность,
И в новый день, и в новые дожди,

И в солнце новое, и в радуги веселье,
Что непременно будет за дождем, —
Меня переполняет вдохновенье,
Чтобы бежать за новым днем.

Все в старом прожито, испито
Вполне, до самого конца, —
Прошло, но ничего там не забыто,
А вот и луч коснулся моего венца!

Сюжет карты
Среди высоких гор, в долине, лежит озеро. Его вода чиста, а воздух вокруг так прозрачен, что видно далеко вокруг. В воде, застыв в ожидании, стоит девушка и смотрит, как встает утреннее солнце с другой стороны озера. Оно манит, зовет, и кажется, вот-вот, и она бросится вплавь к нему как к своей самой желанной мечте.

Значение карты в прямом положении
Карта указывает на то, что в жизни человека наступает новый этап, который подведет итог прошлым поискам и поступкам. Человек ощущает естественную потребность в развитии и постижении нового, поэтому удержать его ничто не сможет.

Это переход от внутренней трансформации, которая почти завершена, к внешним действиям, которые становятся видны окружающим.

Значение карты в перевернутом положении
Карта говорит о том, что человек начинает подгонять время. Он так хочет, так стремится к переменам, что уже не может ждать.

Однако это стремление пагубно, поскольку для каждого этапа есть свое время. Поспешность может привести к тому, что человек сделает шаг в пропасть, совершив серьезную ошибку.

Положительные проявления в ситуации (сильные черты)

Положительным проявлением является то, что человек стремится развиваться, познавать окружающий мир. Он не готов довольствоваться настоящим или наслаждаться простыми человеческими радостями. Для него жизнь — нечто большее, чем то, что можно потрогать руками.

Отрицательные проявления в ситуации (слабости)

Перемены всегда сложны, поскольку приходится оставлять что-то позади себя — иногда друзей, иногда привязанности, а иногда и иллюзии, которые мешают двигаться вперед. И это непросто, совсем непросто.

Тенденции развития ситуации при положительном значении (что можно ожидать дальше)

Наступление нового жизненного этапа будет сопряжено как с качественными, так и с количественными изменениями в самом человеке и в его жизни. Откроются новые перспективы, а новые знакомства удивят своей необычностью и новизной.

Тенденции развития ситуации при отрицательном значении (что можно ожидать дальше)

Но если подгонять время, торопить его естественный ход, то можно просто получить желаемое, но не в том виде, в каком бы хотелось. Для того чтобы испечь хороший хлеб, его необходимо держать в печи положенное время. А судьба — не хлеб, и ошибка будет стоить не горелой буханки, а месяцев и годов труда, которые человек потратил на пути к своей мечте.

АЖ. МАСТЬ ВОДЫ (WATER)

Ты рядом, ты со мной, ты искренен и предан,
Тебе я все смогла бы рассказать,
И ты меня бы никогда не предал,
Я рада, что могу об этом знать.

Не жалость — понимание ты даришь,
Не сострадание — покой,
Тебя не обману, и ты ведь не обманешь,
Ты друг и брат, дарованный судьбой.

Один ты рядом, нет тебя храбрее,
Готов помочь и защитить,
И я от осознания смелею,
Что ты всегда со мною сможешь быть.

Сюжет карты
Сквозь заросли, ступая по болоту, юноша несет свою ношу. Он уверен в себе и полон сил. И мы уверены в том, что он справится со своей задачей и та, что покоится на его плече, будет в безопасности. Кто она, друг или просто случайная знакомая, мы не знаем. Знаем лишь то, что это — девушка, стройная и, наверное, привлекательная, тело которой покрыто шрамами и кровоподтеками. Но теперь у нее есть помощник и друг, с которым ей нечего опасаться.

Значение карты в прямом положении
Карта указывает на друга и дружескую помощь, которая всегда рядом. Как бы ни сложились обстоятельства, помощь, сочувствие и сострадание всегда придут на помощь. Карта дает указание не только на преданного друга, которому можно выложить все тайны и горести, но и на советчика, который искренне постарается помочь.

Значение карты в перевернутом положении
Карта говорит о предательстве. Тот, кого мы считали другом и надежной опорой, на самом деле не смог помочь и поддержать нас в трудную минуту.

Карта говорит о том, что необходимо более тщательно выбирать себе друзей.

Положительные проявления в ситуации (сильные черты)
Какую бы задачу ни задала судьба и какие бы обстоятельства ни возникли в жизни, плечо друга и его помощь всегда ожидают своего часа. И как говорится, все будет хорошо.

Отрицательные проявления в ситуации (слабости)
Возможность расслабиться и переложить часть ответственности и груза со своих плеч на плечи друга реально существует. Правда, есть стремление переложить на чужие плечи и те заботы, с которыми вполне можно справиться самостоятельно.

Тенденции развития ситуации при положительном значении (что можно ожидать дальше)
Человек получает передышку, небольшой отдых, который рекомендуется использовать с толком — посмотреть, все ли в порядке и что на самом деле происходит, обсудить происходящее с теми, кто готов помочь и выстроить схемы поведения. Дел хватает, и от того, насколько грамотно они будут сделаны, зависит личное благополучие.

Тенденции развития ситуации при отрицательном значении (что можно ожидать дальше)
Предательство и разочарования. Тот, кто должен был поддержать, бросил в трудную минуту, оставив один на один с ситуацией. Но не стоит огорчаться. Дело не в том, что он — плохой друг, просто вы его считали хорошим.

ЫЦАРЬ. МАСТЬ ВОДЫ (WATER)

Ты не смог устоять, ты не смог защититься,
Ржа проела доспехи насквозь,
Это надо же было так сильно влюбиться,
Без надежд на взаимность, — вот это любовь!

Не понять мне тебя, да оно и не надо,
Понимания ты ведь во мне не искал,
Не искал и поддержки, не искал и награды,
Просто жил, и любил, и все время ты ждал.

Ты прекрасен, далек, между тем ты в страданьях,
Но такой, видно, выбрал ты жребий лихой,
Жизни нет, страсти нет, и не ждут начинанья,
Потому что как мертвый ты, ты — не живой.

Сюжет карты

В ночной темноте возле рва, окружающего замок, привязана лошадь. Вроде бы не место и не время ей находиться здесь. Но на это есть свои причины. По пояс в воде стоит молодой воин. Он ждет, выражая всей своей позой покорность и смирение. Руки его погружены в воду, и он не собирается что-либо предпринимать. Так и застыл воин безмолвной статуей среди цветов водяных лилий, таких же чистых, как и его чувства.

Значение карты в прямом положении

Карта указывает на неразделенную любовь, чувства, которые не найдут ответных проявлений. И это состояние, как трясина, полностью поглотило человека, не давая ему выхода из сложившейся ситуации.

Отношения, если карта появляется в разговоре о них, являются абсолютно бесперспективными, потому что партнеры не подходят друг другу (разный типаж) и имеют разные стремления в жизни.

Значение карты в перевернутом положении

Карта говорит о взаимных чувствах, которые испытывают люди друг к другу. Их интерес высок, а схожесть характеров и взглядов дает большие шансы на крепкий союз.

Это может быть карта искреннего друга или будущего избранника. Не всегда его можно рассмотреть в первого взгляда.

Положительные проявления в ситуации (сильные черты)
Положительным моментом в ситуации является то, что человек еще не потерял способности анализировать. Его разум сильно замутнен чувствами и эмоциями, которые его переполняют, но шансы выбраться из этого омута есть, и они велики.

Отрицательные проявления в ситуации (слабости)
Человек долгое время не хочет видеть того, что очевидно для всех. Поэтому так непросто объяснить ему, что он ошибается. Его ограниченность и отрешенность делают контакты с ним практически невозможными.

Тенденции развития ситуации при положительном значении (что можно ожидать дальше)
При таком развитии ситуации единственное, чего стоит ожидать, — включение инстинкта самосохранения. В противном случае есть высокая вероятность того, что эмоции настолько поглотят сознание человека, что еще долгое время он будет пребывать в полном отрыве от реальности.

Тенденции развития ситуации при отрицательном значении (что можно ожидать дальше)
При данном значении карты все выглядит более оптимистично. Союз крепнет, взаимоотношения обретают перспективы. Конечно, говорить о чем-то серьезном пока еще рано, но все же надежды есть, и они не иллюзорные.

ОРОЛЕВА. МАСТЬ ВОДЫ (WATER)

Прекрасна ты и одинока,
Не ждет тебя никто, не плачет по ночам,
Но веришь ты, что где-то на дороге
Есть тот, кому нужна твоя печаль.

Нужна сентиментальнось и наивность,
Как солнца луч и как глоток воды,
И он тебя простит за все, возьмет
                               твою невинность,
Чтоб развести на ней любви сады.

Не встретился пока, и час не пробил,
Но чувства теплятся с надеждою в душе,
Что рядом он и с ликом, полным скорби,
Он также ждет тебя. Уже, уже...

Сюжет карты
Обнаженная женщина идет под струями дождя по водной глади. Вокруг столько воды, что невозможно сказать, чудо ли это, и она ступает по воде.

Наверное, это не важно ни для нее, ни для вас, поскольку ее заботят совершенно другие мысли. И в частности, то, что она в одиночестве идет под дождем.

Значение карты в прямом положении
Карта Королевы Воды указывает на сентиментальную, но сдержанную особу, которая переживает все свои мысли и эмоции внутри себя. Женщина привыкла к чувственному восприятию мира, которое она не всегда демонстрирует окружающим.

В виде карты-состояния она указывает на то, что человек переживает нечто происходящее в его жизни. Эта грусть, чаще с оттенком оптимизма и радости, позволяет человеку лучше познать самого себя.

Значение карты в перевернутом положении
Карта указывает на крайне эмоциональную женщину. Для нее мир — это эмоции, которые позволяют понимать то, что происходит с ней и вокруг нее. Он активна и стремительна, с одной сто-

роны, но с другой — способна к пассивности, переходящей в ступор, — все зависит от ее настроения.

С таким человеком непросто найти язык тем, кто предпочитает логику и здравый смысл эмоциям и чувствам.

Положительные проявления в ситуации (сильные черты)

Чувственное и эмоциональное восприятие мира позволяет человеку видеть его во всех красках, тонкостях и нюансах. Ее сердце поет, когда радость переполняет душу. Тоскует и плачет, когда на душе пасмурно. Она вполне естественна в своих поступках и реакциях, не скрывая и не ограничивая себя.

Отрицательные проявления в ситуации (слабости)

Отрицательным является то, что для человека весь мир может быть заключен в рамки эмоций и воспринят через понятия «нравится — не нравится», «тепло — холодно», «хорошо — плохо», что сильно смещает акцент восприятия окружающего мира, делая его несколько однобоким.

Тенденции развития ситуации при положительном значении (что можно ожидать дальше)

Что ожидать? Дождь пройдет, но не сам, просто в жизни появится что-то, что будет заботить больше, чем пасмурная погода. Это вполне естественный этап, поскольку Королева Воды может страдать, но не вечно.

Тенденции развития ситуации при отрицательном значении (что можно ожидать дальше)

А вот при отрицательном развитии ситуации все может прийти к депрессии и ступору. Человеку так понравится роль страдальца, что выйти из нее будет весьма проблематично. Во всяком случае, в одиночку и думать нечего.

ОРОЛЬ. МАСТЬ ВОДЫ (WATER)

Как ты хорош собой, как элегантен,
Почти мужчина, полный чувств,
Обворожителен, коварен
И знаешь, как вводить в искус.

И мало кто способен защищаться
От взгляда твоего и от страстей,
Которые под кожею искрятся
И видимы, понятны только ей.

Ты, словно наважденье, слишком ярко
Слепишь, и манишь, и зовешь.
Ну, а по мне ты как пиявка,
Которую так просто не сорвешь.

Сюжет карты
Юноша в синей рубашке и белых брюках сидит на камне и смотрит на нас. Он улыбается нам как старым знакомым, но при этом и с места не сдвинется, чтобы поприветствовать. За его спиной темная лесная чаща — как отражение его внутреннего мира, в котором полно тайн и загадок.

Значение карты в прямом положении
Это герой-любовник, плейбой, независимо от возраста и внешнего вида. Для него впечатление, которое он производит на окружающих, всегда чрезвычайно важно. Он заботится о себе и своей внешности, холит себя и лелеет. В контексте с хорошими природными данными это всегда приносит результат.

Если карта не указывает на персону, а лишь является описанием ситуации, то она указывает на притворство и несерьезность того, что реально происходит. Человек лишь стремится удовлетворить свои эмоциональные потребности, используя свою внешность и поведение, а другой находится под сильным впечатлением от него.

Значение карты в перевернутом положении

Карта указывает на мужчину, поведение которого очень похоже на поведение Королевы Кубков. Он любвеобилен и самодоволен. Стремится получить от жизни максимум удовольствия, причем за чужой счет. Это альфонс, жиголо, плейбой, возможно, с оттенком творческого пафоса, который позволяет ему оправдывать свое безделье.

Положительные проявления в ситуации (сильные черты)

Способность завоевывать женские сердца, привлекать внимание и нравиться, использовать свой природный потенциал обаяния в полной мере и в полном объеме.

Отрицательные проявления в ситуации (слабости)

Недальновидность и невысокий интеллект не позволяют надеяться на что-то большее, чем быть удобной игрушкой в руках людей более сильных и крепких. Роль лидера и ведущего явно не для него.

Тенденции развития ситуации при положительном значении (что можно ожидать дальше)

Ситуация с такими индивидуумами развивается по классической схеме. Получив свое и поняв, что больше здесь делать нечего, он идет дальше по жизни — искать новую жертву, а вернее, того, для кого он станет приятным и удобным предметом роскоши. Но не человеком с большой буквы.

Тенденции развития ситуации при отрицательном значении (что можно ожидать дальше)

По сути ситуация в данном случае не сильно будет отличаться от той, когда карта лежит в прямой позиции. Все тот же герой-любовник, плейбой, но только удачи поменьше, поэтому планка занижена и он может не выбирать тех, кому он будет приятен, а воспользоваться первым попавшимся вариантом.

МЛАДШИЙ АРКАН. МАСТЬ ВОЗДУХА

МАСТЬ ВОЗДУХА (AIR)

Дым сигарет — как мыслей праздных шум,
Не уловить тебе того, что было раньше,
Не вспомнить прошлых и далеких дум,
И призрак мыслей не увидит фальши.

К чему тебе толкать нас в пустоту,
Зачем страдать, не видеть звезды,
А видеть лишь тебя, тебя одну,
И сдерживать в себе скупые слезы?

Рывок, растаял дым, но призрак не ушел,
Не может он исчезнуть безвозвратно,
Настанет день, к рассвету я пришел,
Чтоб постоять и вновь уйти обратно.

Сюжет карты

Восходящее солнце покрыло позолотой воды моря. Но молодая девушка, не замечая игры света небесного светила, думает о чем-то своем. Ее трубка с длинным мундштуком не дымит. Она нужна ей лишь для того, чтобы подчеркнуть всю полноту раздумий, которые занимают все ее внимание.

Значение карты в прямом положении

Карта двойственна. Она может указывать как на женщину, в случае наличия карты-персонификации, так и на поведение человека.

Перед вами женщина, как будто сошедшая с полотен старых мастеров. Она утонченна, ее манеры безупречны, а свободное и несколько возвышенное поведение создает образ недоступности и воздушности. Что-то неземное есть в ее облике. Одним своим взглядом она способна вдохновлять мужчин на подвиги, а у женщин вызывать чувство ревности и скрытой зависти. Меж тем ее интерес к окружающим поверхностен и заканчивается лишь любопытным изучением присутствующих.

Значение карты в перевернутом положении

Карта рассказывает о женщине или о ее поведении, которое совершенно неуместно ни в данный момент времени, ни в данном обществе.

Человек неуместно ведет себя, одевается, говорит. Его не заботит реакция окружающих, хотя именно она и является ключом к такому поведению. Это попытка произвести впечатление. Она граничит с эпатажем и часто приводит к непониманию человека и мотивов его поведения.

Положительные проявления в ситуации (сильные черты)

Человек обладает хорошими организаторскими способностями. Поняв и приняв ситуацию, он может организовать процесс, вдохновить людей на его выполнение.

Отрицательные проявления в ситуации (слабости)

Человек, прежде чем принять какое-то решение, должен обрести понимание происходящего. До этого момента не стоит ждать каких-либо активных действий.

Тенденции развития ситуации при положительном значении (что можно ожидать дальше)

Человек, получив контроль над происходящим, не отпустит его до тех пор, пока не убедится, что цель будет достигнута. Он дотошен и педантичен, что только на руку качественному процессу.

Тенденции развития ситуации при отрицательном значении (что можно ожидать дальше)

Развитие ситуации стоит ждать в сфере межличностных отношений. Это конфликты с окружающими и попытка изоляции человека, чье поведение и образ жизни чужды окружающему большинству.

МАСТЬ ВОЗДУХА (AIR)

Так необычен взгляд сквозь пустоту,
Пренебреженья и презренья полон.
Весомее цветок в саду,
Во всяком случае, он жизни полон.

Как пуст твой взгляд, так и душа пуста,
Лишь воздух в яркой оболочке
И радость, что хранят твои уста,
Лишь повод, чтоб расставить в жизни точки.

Я знаю, что смешон и глуп весьма,
Понятно, что использован тобою,
И даже где-то был похож я на шута,
А все лишь потому, что болен я тобою.

Сюжет карты

Перед нами девушка с фатой на голове, которую удерживает белоснежный венок. Возможно, она невеста, вот только жениха не видно. Лишь статуэтка «Оскара», которую она с нежностью разглядывает. Но «Оскар» в шляпе и шарфе, протянутый чьей-то заботливой рукой, не стал от этого более живым и человечным.

Значение карты в прямом положении

Карта указывает на то, что человека абсолютно не интересует то, что происходит с другими людьми. Он холоден в душе, а весь его интерес — лишь часть игры и часть задуманного плана.

Люди, демонстрирующие такое поведение, любят и ценят только самих себя и свои интересы. Остальных они лишь терпят.

Значение карты в перевернутом положении

Карта указывает на самопожертвование ради других. Человек готов забыть про себя, свои нужды и интересы, лишь бы стать полезным и нужным тем, кто, как ему кажется, в нем нуждается.

И хотя перед нами жертвенная личность, весь ее интерес заключен прежде всего в том, что это нравится ему самому. Он видит себя как некоего героя, которому все за всё благодарны и в той или иной степени зависят от него.

Положительные проявления в ситуации (сильные черты)
Цинизм, с которым человек относится к большинству проблем, возникающих в его жизни, является вполне приличным качеством. Ведь никто не станет обвинять хирурга в холодности, которая позволяет ему качественно и уверенно закончить операцию?

Отрицательные проявления в ситуации (слабости)
Отчужденность и отстраненность от других людей все более и более заметны. И вот уже те, кто недавно так дружелюбно общался, отгородились от него, оставив в недоумении: а что же, собственно, произошло?

Тенденции развития ситуации при положительном значении (что можно ожидать дальше)
Все то, что получает человек, демонстрируя подобное поведение, принесет ему не счастье, а лишь разочарование и неудовлетворенность. Но ошибки, просчеты, которые он совершит, не будут приняты им на свой счет, а немедленно перенесены на тех, кто находится рядом, с четким указанием на то, что это именно они виноваты во всем.

Тенденции развития ситуации при отрицательном значении (что можно ожидать дальше)
Человека начинают использовать, вначале аккуратно, как бы не веря своему счастью, но потом все больше и больше, уже не из-за необходимости в его услугах или помощи, а по привычке, да еще потому, что он покорно везет весь воз проблем, которые на него нагрузили.

МАСТЬ ВОЗДУХА (AIR)

Холод в жилах застыл,
Дождь слезами умыл,
Нету мочи и сил,
Потому что ты был.

Потому что мечта
Ускользнула из рук
И оставила мне
Только боль этих мук.

Не устану я звать,
И скорбеть, и страдать,
И тебе ли не знать
Жизнь-мечтать, жизнь-страдать...

Сюжет карты
Ветер гонит осенние листья. Осадков нет, но кажется, что вот-вот начнется противный моросящий дождь, который окончательно испортит настроение.

Девушка, чью прическу беззастенчиво растрепал ветер, кутается от холода, пронзающего ее тело. Летнее платье с короткими рукавами и короткая юбка явно не соответствуют погоде. Но она не замечает этого, поскольку что-то, что произошло в ее жизни, гнетет ее больше, чем окружающее ненастье.

Значение карты в прямом положении
Карта указывает на серьезную драму, которая произошла в жизни человека. Его мечты и надежды перестали существовать в один миг. А те, кто мог и должен был быть рядом, предали его. Обида и внутренние терзания разрывают человека на части. А слабая попытка спасти свое сознание от нарастающей боли пока не привела к успеху.

Значение карты в перевернутом положении
Карта указывает на то, что в жизни человека происходят серьезные изменения, переоценка ценностей, друзей и взглядов. Но произошла она не потому, что человек совершил очередную ошиб-

ку и столкнулся с необходимостью это сделать, а потому, что почувствовал наступление такого периода. Он понял, что пора взрослеть и становиться мудрее.

Положительные проявления в ситуации (сильные черты)
Все когда-нибудь случается, и то, что кто-то не оправдывает надежды, лишь является ошибкой самого человека, который слишком надеялся и слишком доверял другим. Жестокий, но полезный жизненный урок.

Отрицательные проявления в ситуации (слабости)
Отрицательным проявлением является то, что человек не способен думать и полностью охвачен той болью, которая у него в душе. И чем больше он будет уделять внимание этой боли и переживаниям, тем сложнее ему будет выбраться из этой трясины.

Тенденции развития ситуации при положительном значении (что можно ожидать дальше)
Человек переболеет, это вполне естественно. Но переболеть ему придется в одиночестве, поскольку это только его забота и его ошибка. Вся помощь и поддержка, которую постараются оказать ему окружающие, лишь усложнит дело и продлит время «болезни».

Тенденции развития ситуации при отрицательном значении (что можно ожидать дальше)
При этом положении карты процесс переоценки жизненных ценностей и приоритетов будет протекать более спокойно. Помощь и советы, которые будут восприниматься человеком вполне рационально, пойдут ему на пользу.

МАСТЬ ВОЗДУХА (AIR)

Так радужно все, так чудно,
Здесь мир иллюзий, сказка мира,
Тебе здесь радостно, смешно —
Такая вот прелестная картина.

Кино — не сказка и кино не жизнь,
А что-то среднее, быть может,
Но ты сама себе скажи,
Что грез туман тебе помочь не сможет

В том, что реально и не так смешно,
В том, где закаты и рассветы,
И выключи ты мертвое кино,
Вернись в весну, а может быть, и в лето.

Сюжет карты

На качелях из фотопленки, над миром, которого не видно, парит молодая женщина. Звезды к ней гораздо ближе, чем далекая и непонятная земля. В ее руках зонтик, который может прикрыть ее от палящих лучей, чья близость несомненна. Рядом чайка, которая неведомыми силами была занесена в эту странную картину.

Девушка мечтает, и для нее все происходящее не кажется абсурдным, даже мужские ботинки с развязанными шнурками на ее ногах.

Значение карты в прямом положении

Человек полностью перешел из мира реальности в мир своих фантазий и грез. Его жизнь вращается лишь среди эпизодов прошлого, которые доставляют ему наслаждение и питают ностальгические чувства. А настоящее может быть воспринято только так, как на это способен лишь ребенок, — в виде сказки, с простеньким и весьма наивным сюжетом, который проецируется в реальность.

Карта указывает на человека с детским мировоззрением; это, как еще иногда называют таких людей, внутренние дети, которые не хотят взрослеть.

Значение карты в перевернутом положении

Карта указывает на естественное перерождение личности человека. Он взрослеет, и постепенно привычки и повадки ребенка становятся ненужными, а на их смену приходит взрослое мировоззрение. Это происходит не в одночасье и не вдруг, но постепенно и неумолимо. Человек начинает входить во взрослый мир, думая и поступая как взрослый.

Положительные проявления в ситуации (сильные черты)

Положительного в этой карте не так уж много, поскольку фантазии настолько сильны, а связь человека с миром настолько призрачна, что остается только надеяться на то, что кто-то более приземленный и надежный придет ей на помощь.

Отрицательные проявления в ситуации (слабости)

Человек, выпав из реальности, не захочет в нее возвращаться. Он постепенно создаст свой иллюзорный мир, в который перенесет все, что может перенести из реального, и станет так жить. Не от мира сего — так можно будет сказать о нем спустя какое-то время.

Тенденции развития ситуации при положительном значении (что можно ожидать дальше)

Высока вероятность того, что реальность возобладает над иллюзиями, но только в том случае, если у человека есть верные и преданные друзья, которые помогут спустить его с небес на землю. Иначе перспективы не самые радужные.

Тенденции развития ситуации при отрицательном значении (что можно ожидать дальше)

В данном случае можно ожидать наступления непростого периода в жизни человека. Его старые привычки, как и его окружение, будут меняться. Причем изменения эти будут происходить бурно и активно, сопровождаясь конфликтами и выяснением отношений, что вполне естественно на данном этапе.

МАСТЬ ВОЗДУХА (AIR)

Иллюзии лишь рушатся у тех,
Кто жизнь свою связал с такою мерой,
Кто избежал судьбы помех,
Лишь не желая видеть их, не понимая веры.

Но рано или поздно мир берет свое,
Расставив на места по меркам жизни,
И солнце лишь с востока в день встает,
Не «как хочу», а как положено по жизни.

Скорбеть, страдать, переживать
И разбирать осколки заблуждений, —
Не лучше ль новый день начать
С принятия его и всех его мгновений?

Сюжет карты

На опушке леса, в высокой траве, стоит девушка. Ее опущенная голова и руки, беспомощно свисающие вдоль тела, говорят о неспособности сопротивляться тому, что произошло. Но она пока стоит на ногах, и, возможно, это только передышка в борьбе, которую она ведет. Разорванное платье и растрепанные волосы говорят об этом совершенно недвусмысленно.

Чуть в стороне из травы кто-то протягивает к ней руку. Возможно, моля о помощи или о пощаде...

Значение карты в прямом положении

В жизни человека произошли серьезные перемены, которые принесли с собой только обиды и разочарования. Но в них есть колоссальная польза, поскольку ситуация, которая привела к крушению иллюзий, помогает человеку взрослеть. Это не просто, но прежние, иллюзорные, сентенции должны быть сброшены, чтобы человек смог реально смотреть на мир. Он начинает понимать, что надеяться может только на себя.

Значение карты в перевернутом положении

Человек получил неприятный урок, но совершенно не готов к тому, чтобы понять и осознать его. Он не хочет меняться. Он готов обвинить всех вокруг в том, что мир так несправедлив к нему.

Положительные проявления в ситуации (сильные черты)

Это непростой этап становления характера человека, но, как говорят, что не убивает, то делает нас сильнее. Так и в этом случае человек, преодолевая трудности, становится только сильнее.

Отрицательные проявления в ситуации (слабости)

Отрицательным проявлением ситуации можно считать эмоциональный подтекст задач, ситуаций, при помощи которых жизнь экзаменует человека. Они неприятны, как горькое лекарство, но всегда полезны.

Тенденции развития ситуации при положительном значении (что можно ожидать дальше)

У человека начинается новый жизненный этап, который сам по себе не глобален и приведет лишь к небольшим переменам. Но все большое складывается из малого, и к этому этапу необходимо подойти со всей ответственностью и серьезностью.

Тенденции развития ситуации при отрицательном значении (что можно ожидать дальше)

Человек затаил обиду на мир и на тех, кто в этот момент находился рядом. Он, как капризный ребенок, не готов слушать голос разума и логичные доводы, которые доносятся из его окружения. Он застыл в позе обиженного, но никто не собирается его уговаривать. И это пройдет со временем.

МАСТЬ ВОЗДУХА (AIR)

Ты видишь то, что ты готов принять,
Как, впрочем, большинство из многих,
И не дано тебе пока понять все истины пути,
А лишь стоять безмолвно у дороги.

Привычка — вот что страшно мне,
Не потому лишь, что она пугает,
А потому, что люди, как во сне,
Реальный и прекрасный мир теряют.

Иллюзии, сомнения, испуг
И страхи, вожделенья и мечтанья,
А правда — вот она, она — мой друг,
Что всех вас может в миг избавить от страданья.

Сюжет карты

В темноте ночи за городом собрались несколько человек. Они стоят под аркой моста и смотрят на чудесное явление, которое показывают им огни большого города. Это фигура женщины, которая нависла над городом и притягивает взор как своими размерами, так и привлекательностью, которую можно рассмотреть, невзирая на иллюзорность облика.

И лишь девушка, что сидит поодаль, так похожая на ту, что парит над городом, не смотрит на парящую фигуру.

Значение карты в прямом положении

Карта указывает на ошибочность и иллюзорность восприятия. Человек смотрит не на реальность, а на демонстрацию внешних качеств, которые не соответствуют самому человеку или ситуации. Это попытка идеализировать или изменить восприятие действительности согласно своим интересам.

Значение карты в перевернутом положении

Карта указывает на человека, который способен видеть гораздо больше, чем это возможно. Его пытливый ум и проницательность способны проникнуть в самые глубины человеческих мотивов. Карта указывает на мыслителя-практика, которого непросто сбить с пути и заставить видеть иллюзию вместо реальности.

Положительные проявления в ситуации (сильные черты)

Попытка идеализации складывается как из ошибочной оценки происходящего, так и из того, что человек стремится видеть в людях лучшее, что в них присутствует. Но это не оптимизм, а скорее идеализм, который сам по себе не плох.

Отрицательные проявления в ситуации (слабости)

Отрицательной стороной происходящего является то, что человек не готов видеть слабостей или дурных черт в окружающих. Но именно они, эти мелкие и большие пороки, руководя человеком, творят гадости другим людям.

Тенденции развития ситуации при положительном значении (что можно ожидать дальше)

Человек попадет в ситуацию, которая продемонстрирует ему все его ошибки и иллюзии. Но, несмотря на такой суровый урок, он будет продолжать искать лишь хорошее и упорно не замечать плохое в людях. А почему? Да потому, что он не знает, что с этим плохим делать.

Тенденции развития ситуации при отрицательном значении (что можно ожидать дальше)

Человек разберется со всем происходящим, несмотря на то что его пытаются обмануть, скрывая свои поступки за завесой добродетели и бескорыстия. Но он не из тех, кто вот так легко готов попасться на удочку мошенников, даже если они — специалисты в области манипуляций, а не в области денег.

МАСТЬ ВОЗДУХА (AIR)

Так прекрасна мечта, но иллюзия краше,
Я за ней без оглядки за море пойду,
Ничего мне не надо, ничего мне не сладко,
Если в грезах своих я тот час не усну.

Шаг за шагом и миг за мгновеньем
Пролетают года, а за ними и жизнь,
И все лишь для того, чтобы этим забвеньем
Наслаждаться и в нем только жить.

К чему мне реальность? И правда, без проку.
Кто сказал, что без них не прожить?
Впереди, позади, а быть может, и сбоку,
Где-то здесь, — вот моя настоящая жизнь.

Сюжет карты

Под звездным небом собрались люди. Их много, и причина, по которой они находятся так далеко от города в столь поздний час, понятна нам. Это молодая девушка, которая, приподняв юбку и обнажив ноги, ведет их за собой. Ведет туда, куда надо ей. Все, не задумываясь, следуют, увлекаемые доступностью и откровенностью ее поведения. А впереди уже виднеются воды реки, такой незаметной, но не менее опасной в этой кромешной тьме.

Значение карты в прямом положении

Карта указывает на абсолютную нереальность происходящего. То, что думает или представляет себе человек, на самом деле фантазия. Она может быть его иллюзией, а может быть чьей-то мечтой, в которую он поверил. Но все это ни в коей мере не делает происходящее реальным.

Карта предостерегает от поступков и выводов, поскольку они не основаны на реальном положении вещей. Обещания, планы или надежды, которые сопряжены с этой картой, никогда не сбудутся.

Значение карты в перевернутом положении

Перед вами — фантастический план. Он кажется нереальным и несбыточным, но в нем есть рациональное зерно. И если постараться понять и рассмотреть его, то он принесет много нового и полезного. Но для его воплощения придется еще много трудиться.

Положительные проявления в ситуации (сильные черты)

На самом деле положительного в этой карте нет вовсе. Она нам говорит лишь о том, что человек не отдает отчет ни в своих поступках, ни в своих действиях. И в конечном итоге окажется в руках тех, кто манипулирует им.

Отрицательные проявления в ситуации (слабости)

Отрицательным является то, что человек не может видеть реальность, поскольку она его не устраивает. Он смело бросается в иллюзию, которая более удобна, поскольку чаще всего не требует никаких усилий от него, но требует лишь жертвы. Впрочем, жертва всегда завуалирована, и человек с радостью идет на нее.

Тенденции развития ситуации при положительном значении (что можно ожидать дальше)

Человека ждет тяжелое похмелье, когда все, что он мог дать, было взято и он в прямом смысле этого слова выброшен на помойку. Теперь ему предстоит жить с тем, что у него осталось, и корить судьбу, за то, что она так несправедлива.

Тенденции развития ситуации при отрицательном значении (что можно ожидать дальше)

Мечты начинают сбываться, и то, что вчера казалось нереальным, сегодня материализуется и становится вполне осязаемым. Необходимо лишь усилить контроль над процессом, чтобы мечта не упорхнула в небо.

МАСТЬ ВОЗДУХА (AIR)

Не страшен так испуг, как велики сомненья,
Что повторится вновь полуночный кошмар,
И то, что кажется как-будто наважденьем,
На самом деле есть судьбы удар.

То кошка знаком упреждает об угрозе,
То черный ворон мне пророчит за окном,
И чайка черная кружит над морем,
И страшными глазами смотрит дом.

Все, не могу так больше! Мы не дети.
Где может быть конец всему тому?
Где тот петух, что на рассвете
Прервет кошмар безумству моему?

Сюжет карты

Ветер гонит по улицам города опавшие листья. Ворон с криком бросается из-под ног бегущей девушки. Рев нечеловеческого голоса оглушает и бросает в дрожь. Девушка со всех ног убегает от огромного и страшного громилы, чей обнаженный и покрытый шрамами торс и звериный оскал наводят ужас. Он почти настиг ее, он в шаге от нее. И стражи, что стоят неподалеку, не успевают прийти ей на помощь.

Значение карты в прямом положении

Карта говорит нам о том, что человек слишком преувеличивает опасность и гипертрофирует свои страхи. Все его естество сковано ужасом, но на самом деле опасность, хотя и присутствует, не столь велика. Более того, карта указывает на то, что человек, одержимый таким состоянием, предпринимает шаги, чтобы избежать опасностей, о которых ему поведал его страх. Но борьба не приносит результатов, и он вынужден бежать от своих страхов, а по сути — от собственной тени.

Значение карты в перевернутом положении

Человек недооценивает существующую опасность и угрозу, которая присутствуют в ситуации. Это проявление безалаберности и самонадеянности, которые могут очень дорого обойтись человеку.

Положительные проявления в ситуации (сильные черты)

Человек готов прислушиваться к себе, к своим сомнениям и тревогам, которые его беспокоят. И если он начнет рассуждать логически, то сможет отделить простые сомнения от предостережений, которые посылает ему предчувствие.

Отрицательные проявления в ситуации (слабости)

Человек, не имея возможности совладать со своими эмоциями и не зная, что он может предпринять, становится заложником своих страхов. Весь мир, кажется, ополчился против него, и на каждом шагу его подстерегает опасность.

Тенденции развития ситуации при положительном значении (что можно ожидать дальше)

Человек начинает совершать ошибку за ошибкой, поскольку его понимание ситуации сильно искажается страхом, меняя картину реальности. И вот уже страхи начинают жить своей жизнью. Но не потому, что были реальными, а потому, что человек их сделал реальными своими поступками и отношением.

Тенденции развития ситуации при отрицательном значении (что можно ожидать дальше)

И в этом случае тенденция развития ситуации неблагоприятна. Человек, недооценив происходящее, столкнулся с проблемами. Но они не случайны, а вполне закономерны, поскольку всегда присутствовали в процессе, а человек усиленно старался их не замечать.

МАСТЬ ВОЗДУХА (AIR)

Ты, скрыв под маскою себя,
Смогла дать больше, чем того хотела,
Ты рассмотрела ту, что есть внутри тебя,
И даже та, живущая, понравиться успела.

А может быть, она — не ты, —
Иль это просто наважденье?
Кому теперь нести цветы?
Кого поздравить с днем рожденья?

Как только выбор совершишь,
Ты не забудь сказать об этом миру.
И не спеши... Ведь ты всегда спешишь.
Успеешь ты прийти к тому кумиру.

Сюжет карты

Вы когда-нибудь видели, чтобы картина оживала? А это вполне реально! Во всяком случае, так считает художник, который запечатлел молодую девушку.

Судя по одеждам, прическе и манерам, она принадлежала к знатным особам. Да и кто мог тогда, пару столетий назад, позволить себе заказать такую картину? Немногие, поверьте.

Но ожить в картине? Такого история не помнит, но художник говорит нам именно об этом.

Значение карты в прямом положении

Иллюзия, мечта, которая казалась неосуществимой, начинает сбываться.

Чаще карта трактуется как положительная, поскольку дарит человеку надежду на осуществление мечты.

Значение карты в перевернутом положении

Человеком манипулируют. Вернее, манипулируют его желаниями, утверждая, что они могут стать реальными. Это тонкий расчет, который основан на том, что человек, находясь в зависимости от манипулятора, будет делать все, что он ему скажет.

Положительные проявления в ситуации (сильные черты)
Человек до последнего верит себе и своему внутреннему голосу, который поддерживает уверенность в том, что он прав и мечтает не о чем-то несбыточном, а о вполне осуществимом.

Отрицательные проявления в ситуации (слабости)
Отрицательным проявлением является то, что вот такие идеалисты, которые ставят на кон судьбы все, лишь бы получить главный приз, непросты в быту и общении. Они настолько поглощены своим желанием, что не способны вместить что-то еще в свои планы.

Тенденции развития ситуации при положительном значении (что можно ожидать дальше)
Человек обласкан судьбой, поскольку карта, как лотерейный билет, говорит о подарке или счастливом шансе, который выпал на его долю. А дальше все зависит от человека. Спокойный и расчетливый сможет удержать и приумножить полученное, а импульсивный и эмоциональный — потеряет. Но его это не расстроит, поскольку он уже держал свою мечту в руках.

Тенденции развития ситуации при отрицательном значении (что можно ожидать дальше)
Человек попадет в западню, расчетливо и грамотно организованную его «друзьями», которым он доверял. И после этого он будет продолжать верить им, поскольку он поверит их объяснениям о случайности и непреднамеренности происходящего. Он не верит своим глазам, а верит тому, что ему говорят. Блажен, кто верует...

МАСТЬ ВОЗДУХА (AIR)

Я один, ты одна, и непросто принять,
Что естественен выбор поступка,
Что пора наступила нам что-то менять,
Но немного от этого жутко.

Не кошмар, не испуг, но внутри холодок,
Голова закружилась в известьи,
Наступил тот, означенный временем срок,
И мы порознь, мы снова не вместе.

Шаг ко мне, от меня, словно маятник, ввысь,
Жизнь качает то влево, то вправо,
Только, главное, ты на коне удержись,
Заслужила ты счастье по праву.

Сюжет карты

Вечерний город ослепительно сияет огнями. Незаметно подкралась ночь.

Над крышами яркого города мы видим не менее яркую картину: молодая женщина, сидя на подножке вертолета, парит над крышами. Одна туфелька уже потеряна в радостном азарте. Но заботит это только мужчину, который в изумлении смотрит на женщину, держа туфельку в руках. Это все, что он может удержать в этой яркой и бурной ночи. Сказка о Золушке возвращается, но каким будет финал?

Значение карты в прямом положении

Поиск новых красок жизни, на который указывает эта карта, начинается с поиска новых интересов и новых эмоций, которые смогут изменить привычный ход жизни. Рутина и обыденность естественного хода событий настолько утомила человека, что он готов на самые необдуманные шаги. Но чаще всего это заканчивается тем, что он, пересмотрев свою жизнь и получив моральную разрядку, выбирает то, что ему дорого, — друзей, семью и любимых людей.

Значение карты в перевернутом положении
Карта указывает на то, что человек постоянно убегает от сложностей и проблем в своей жизни. Он не готов их решать и не готов встретиться с ними лицом к лицу.

Это бегство приводит к тому, что за спиной у человека остается шлейф неразрешенных проблем, который так и тянется за ним по жизни.

Положительные проявления в ситуации (сильные черты)
Человек не готов ставить себе рамки или ограничения. И если он чего-то хочет, то идет и добивается поставленной цели. Он не робеет и не ссылается на обстоятельства, он их просто творит.

Отрицательные проявления в ситуации (слабости)
Отрицательным является то, что человек в погоне за самоудовлетворением совершенно забывает о тех, кто рядом с ним. Его голова кружится от новых впечатлений, а ответственность и долг теряются в этом безумстве эмоций.

Тенденции развития ситуации при положительном значении (что можно ожидать дальше)
За периодом веселья наступает период довольства и отдыха. Этот период наступит и в жизни человека, когда все встанет на свои места. Возможно, не совсем так, как было, но приблизительно, причем очень скоро.

Тенденции развития ситуации при отрицательном значении (что можно ожидать дальше)
Человек, сбежав от своего прошлого, приходит в пустое настоящее. Он вынужден все начать заново, с чистого листа. Но поскольку он не учел ошибок прошлого, то ему опять придется столкнуться с проблемами. И опять, как и всегда, он побежит от них.

АЖ. МАСТЬ ВОЗДУХА (AIR)

Прекрасен мир, и полон он
Всех радостей, что в нем таятся,
Всех красок, звуков перезвон.
Как тут от танца удержаться?

Непросто в душу взять все то,
Что мы вокруг себя увидим,
Все, что мы любим, и все то,
Что мы, быть может, ненавидим.

Разнообразен он и чист,
Напоен воздухом рассвета,
И каждый день, как новый чистый лист,
Зовет писать на нем свои куплеты.

Сюжет карты

Молодой человек в замасленном костюме и с гаечным ключом в руке. Как вы думаете, что он может делать? Верно, все что угодно. А наш персонаж танцует под музыку, которая слышна лишь ему из наушников на его голове. Он полон вдохновения и страсти, и его внешний вид нисколько не портит его наслаждения минутами настоящего.

Значение карты в прямом положении

Карта указывает на колоссальный всплеск творческой активности. В голове у человека начинают

роиться новые идеи, планы, стремления, которые он готов немедленно реализовать в жизнь.

Так себя ведут влюбленные, когда эмоции и чувства переполняют душу и готовы вылиться в иных формах, чтобы воспевать любовь.

Значение карты в перевернутом положении

Карта указывает на ступор и абсолютную безыдейность человека. Он, попав в ситуацию, не может придумать ничего, что бы помогло ему действовать.

Карту можно считать временным кризисом идей, который скоро закончится.

Положительные проявления в ситуации (сильные черты)
Когда у человека начинают зарождаться новые идеи, мысли и устремления, то единственным верным выходом из столь активного всплеска будет попытка материализовать их. Выразить все вовне, выплеснуть на холст, бумагу, в музыку или танец.

Отрицательные проявления в ситуации (слабости)
Столь яркий вдохновенный порыв не позволяет человеку сконцентрироваться на реальных повседневных заботах и своих обязанностях, которые надлежит выполнять. Это серьезная помеха, несмотря на всю возвышенность происходящего.

Тенденции развития ситуации при положительном значении (что можно ожидать дальше)
Направив свой творческий порыв в созидательное русло, человек постепенно находит баланс между потребностями внутреннего мира и своими повседневными заботами. И вот уже окружающие замечают, что человек начинает меняться, найдя себя в этом круговороте идей.

Тенденции развития ситуации при отрицательном значении (что можно ожидать дальше)
Рутина и «болото» жизни полностью охватило жизнь человека. Ему ничего не нужно, и никто ему ничего не собирается давать. Так все и идет в жизни — тускло, неспешно и обыденно.

ЫЦАРЬ. МАСТЬ ВОЗДУХА (AIR)

Подставь плечо, я обопрусь,
Тебе я свято доверяю,
Тебе я никогда не постыжусь,
Доверить тайну. Только умоляю:

Ты не предай и не оставь,
Поскольку каждый раз с тобою
Я снова жив, и в жилах сталь,
И я могу повелевать судьбою.

Мы можем. Я ведь не один,
Мы вместе можем то, что надо нам обоим,
И я стал в жизни господин,
Лишь потому, что дружен я с тобою.

Сюжет карты

Осенний ветер гонит опавшие листья. Он холоден и предвещает скорое наступление зимы. Ветер треплет конскую гриву и волосы всадницы. Несмотря на непогоду, они собираются в путь.

Всадница еще не отвязала коня, еще не надела сбрую и седло. А лишь села на него в раздумье о том, стоит ли отправляться в путь. Свитер и высокие сапоги — недостаточная защита от непогоды.

Значение карты в прямом положении

Это карта друга, надежного и верного помощника в делах и хорошего советчика. Такие взаимоотношения, даже если они происходят между мужчиной и женщиной, никогда не перерастут в нечто большее, чем дружба и глубокая привязанность. Пара дополняет друг друга во всем, что касается взаимопомощи и интеллектуальных изысканий, что позволяет ей проще проходить сложные этапы жизненного пути.

Значение карты в перевернутом положении

Карта указывает на врага, который стремится нанести вред человеку. Он не просто дышит злобой и ненавистью, а готов к решительным действиям. Причем карта часто говорит о том, что этот враг не опознан. Он рядом, но тот, на кого гадают, вовсе не считает его врагом.

Положительные проявления в ситуации (сильные черты)
Преданные и верные друзья есть лишь у тех, кто этого заслуживает. Значит, и вы тоже преданны и верны и на вас можно положиться.

Отрицательные проявления в ситуации (слабости)
Друзья, однако, не всегда готовы помочь. И не потому, что не хотят, просто они могут быть заняты своими делами. Возможно и то, что они могут не успеть прийти на помощь.

Тенденции развития ситуации при положительном значении (что можно ожидать дальше)
Особых тенденций в данной ситуации нет, поскольку дружба — это прежде всего постоянство отношений, которое редко меняется на протяжении времени. На друга можно положиться, что и будет сделано в сложившейся ситуации.

Тенденции развития ситуации при отрицательном значении (что можно ожидать дальше)
Стоит ждать подвоха или подлости, поскольку враг всегда использует данный ему шанс. Он начеку и готов действовать. И лишь собранность и внимательность человека ко всему, что происходит сейчас в его жизни, смогут оградить его от действий врага.

ОРОЛЕВА. МАСТЬ ВОЗДУХА (AIR)

Фейерверк страстей и чувств игра
В словах, в поступках этой дамы.
А что ей, если жизнь так коротка, —
И не готова жить она лишь в окруженьи драмы.

Но баловать себя, дразнить судьбу,
Но не страдать, а жизнью наслаждаться,
Не важно как, не важно почему,
Нельзя без удовольствия остаться.

И потому все чувства — через край,
Идут на наслажденье новой жертвой,
Что даст построить новый рай
И быть в нем Евой — самой первой.

Сюжет карты

На карте изображена молодая девушка, повернутая к нам спиной. Она идет вперед, но при этом не забывает оглядываться назад. Может, потому, что ее волнует прошлое. А может, потому, что она хочет посмотреть, как реагируют люди позади нее на то, что она приподняла юбку.

Все может быть — и умысел, и случайность.

Значение карты в прямом положении

Карта указывает на веселую и беззаботную девушку, которая пока не готова к серьезным взаимо

отношениям. Ее интересы весьма поверхностны, и ждать от нее серьезности пока не стоит.

Игра, которая проще называется флиртом, лишь часть ее манеры поведения, к которой не стоит относиться слишком серьезно.

Значение карты в перевернутом положении

Карта указывает на целеустремленную и весьма основательную женщину, которая все делает правильно и старается выглядеть на все сто. Женщина с синдромом отличницы, которая каждый день сдает экзамен и должна получить только отличную оценку.

Во взаимоотношениях правильность и определенность ценятся выше, чем забота и привязанность. Жизнь — это план, который необходимо выполнить безупречно.

Положительные проявления в ситуации (сильные черты)

Она свободно и вполне непринужденно вступает в контакты с окружающими. Ее взгляды на людей весьма поверхностны, но для первого знакомства вполне достаточны.

Отрицательные проявления в ситуации (слабости)

Именно потому, что Королева Воздуха не готова вникать в то, что она делает, и изучать тех, с кем общается, жизнь преподносит ей сюрпризы в виде неприятных знакомств, которые имеют весьма неприятные последствия.

Тенденции развития ситуации при положительном значении (что можно ожидать дальше)

Она продолжает порхать по жизни. Но часто таких берут под покровительство те, кто понимает, что человек — существо несовершенное и надо помогать ближним — из сострадания, привязанности, влюбленности...

Тенденции развития ситуации при отрицательном значении (что можно ожидать дальше)

Двигаясь по жизни от цели к цели, она чувствует себя весьма комфортно. Точно знает, чего хочет. Правда, не всегда понимает, как этого достичь. Но способность мыслить и самообучаться постепенно заполняет пробелы, и цель становится ближе.

ОРОЛЬ. МАСТЬ ВОЗДУХА (AIR)

Все относительно — как посмотреть,
Может быть, мало, а может быть, много,
Можно просто сидеть, можно жить, умереть —
Все к познанью Вселенной дорога.

Можно спать, можно есть, продлевая года,
Для чего, почему — вот что важно сегодня,
Только истинный смысл ускользает тогда,
Когда разум стоит у его изголовья.

Осознать, и понять, и еще рассмотреть
Все, что можно постичь и осмыслить,
И стерпеть все, что можно от жизни стерпеть,
Быть счастливым всегда и по жизни.

Сюжет карты

В вечернем сумраке лес выглядит не столь устрашающе, как ночью, но по мере того, как ночь спускается на землю, страх усиливается.

Чуть в стороне от леса сидит мужчина. На его плече копье, руки опущены, и не видно, что же он там прячет. Почему нас это волнует? Наверное, потому, что звериная ухмылка, которая застыла у него на лице, и злобный взгляд его глаз заставят опасаться любого, кто ценит себя как личность.

Значение карты в прямом положении

Карта указывает на человека, имеющего философский склад ума и весьма взвешенно и серьезно подходящего ко многим вопросам. Но эта хорошо подогнанная внешняя оболочка скрывает философию ребенка, который не в состоянии воспринимать окружающий мир слишком серьезно.

Этот человек не готов к победам и борьбе, он предпочитает комфорт и уют домашнего очага.

Значение карты в перевернутом положении
Карта говорит о человеке, который прагматично относится к своей жизни. Он степенен, часто хороший семьянин, который вьет свое гнездышко (строит дачу) всю свою жизнь. Он трудолюбив и покладист и чаще всего не хватает с неба звезд.

Положительные проявления в ситуации (сильные черты)
Положительно само мировоззрение Короля Воздуха. Для него мир не прост, а многообразен, что позволяет ему взаимодействовать с различными его аспектами и поступать нестандартно.

Отрицательные проявления в ситуации (слабости)
Он далеко не всегда серьезно и вдумчиво относится к происходящему, только если это важно для него, а если нет — он смело «забрасывает это за спину» и идет дальше, не беспокоясь о последствиях.

Тенденции развития ситуации при положительном значении (что можно ожидать дальше)
Король Воздуха является неплохим советчиком, хорошим собеседником и вполне надежным партнером, правда, со своими минусами, о которых мы уже говорили.

Тенденции развития ситуации при отрицательном значении (что можно ожидать дальше)
Со временем у данного типажа формируется некоторая ограниченность в восприятии мира. Он перестает нарабатывать базу новых впечатлений, довольствуясь только старыми и проверенными.

МЛАДШИЙ АРКАН. МАСТЬ ЗЕМЛИ

МАСТЬ ЗЕМЛИ (EARTH)

Ты рождена хозяйкою по праву,
Всего в тебе в достатке и с лихвой,
Покладистого, кроткого ты нрава,
Уверенность в тебе и сил покой.

Надежна, основательна, степенна,
Для близких — все, и для семьи —
Заботлива и не надменна,
Внутри тебя сокрыта стать Земли.

Ты — женщина от самого рожденья,
Ты мать — от полога любви,
В тебе поэты ищут вдохновенья,
Ну а мужья... Мужья хотят любви.

Сюжет карты

Девушка с распущенными волосами смотрит вам пристально в глаза. Она уверена в себе и хочет понять, стоит ли иметь с вами дело. Ее платье, украшенное природными узорами, как бы подчеркивает, что вопрос задает не столько она, сколько Силы Природы, которые она представляет.

Значение карты в прямом положении

Карта двойственна, как и все карты единиц. С одной стороны, она указывает на человека, обладающего описанными характеристиками, с другой — на его поведение и стремления.

Это карта Хозяйки, женщины, которая ценит домашний уют и комфорт превыше всего. Для нее семья и дети — самое главное в жизни. Она практична, расчетлива и основательна. Предпочитает здоровый прагматизм иллюзиям и предположениям.

Если женщина не замужем, то карта может указывать на вполне определенные планы по изменению семейного положения. А с сопутствующими картами-уточнениями может говорить о беременности.

Значение карты в перевернутом положении

Карта демонстрирует безалаберную и несобранную особу. Любя внутренний комфорт, она не способна создать его во внешнем мире. Из-за этого страдает хозяйство, а квартира или дом могут погрязнуть в беспорядке.

Это женщина — неудачница, жизнь которой не сложилась, а планам ее не суждено сбыться.

Положительные проявления в ситуации (сильные черты)

Положительным проявлением в ситуации является то, что перед вами реалистичный и основательный человек. Его подход к ситуации основан на реальном понимании процесса, а не на домыслах и ощущениях, как это бывает у других стихийных персонажей.

Отрицательные проявления в ситуации (слабости)

Отрицательным проявлением является то, что при помощи здравого смысла и логики не просто понять все то, что происходит в жизни. И как следствие, что-то может быть упущено или не замечено.

Тенденции развития ситуации при положительном значении (что можно ожидать дальше)

Такой человек будет формировать порядок и понятные взаимоотношения независимо от того, хотят ли этого другие участники процесса. Привычка все ставить на свои места может сослужить хорошую службу там, где люди настолько увязли в своих эмоциях, что без посторонней помощи им не справиться.

Тенденции развития ситуации при отрицательном значении (что можно ожидать дальше)

Разруха и дальнейшее запустение будут вполне закономерны. Человек не хочет и не может жить в гармонии и порядке с окружающим миром. Ему важно лишь то, что он сам считает важным, а остальное для него несущественно.

МАСТЬ ЗЕМЛИ (EARTH)

Ты не робей, мой скромный повелитель,
Не стыд ведь это, не позор,
Пред нами Бог раскрыл любви обитель,
А ты сидишь потупив взор.

Ты не Адам, что, долго не колеблясь,
Взял Евы дар, и он его вкусил.
Амур стрелял в таких не целясь,
А ты и слов в ответ не проронил.

Ну что, проснись, к чему жеманство,
Для женщины оно к лицу,
Ну, а еще к лицу коварство,
А глупость — к сердцу подлецу.

Сюжет карты

На скамейке в парке две фигуры — юноша и девушка. Юноша, одетый в строгий деловой костюм, застыл в оцепенении. И есть от чего. Девушка, сняв с него шляпу, которая явно не подходит к ее короткому облегающему платью, обнимает его за плечо. А другой рукой она поглаживает брюки, стараясь добраться до его мужского достоинства. И это поведение явное шокирует молодого человека.

Значение карты в прямом положении

Карта говорит о том, что один человек демонстрирует неподдельный интерес к другому человеку. Формой такого интереса могут быть безобидные шутки, провокации, которые сопровождаются некоторой нервной возбужденностью человека.

Но в то же самое время карта говорит о том, что подобное поведение не возникло на ровном месте. И что тот, к кому проявлен интерес, может быть крайне стеснителен и не уверен в самом себе.

Значение карты в перевернутом положении

Карта говорит о внешней распущенности, которая присутствует в человеке. Он не готов держать себя в рамках приличия потому, что не согласен с этим и не знает, что представляют собой эти рамки. Его поведение не осуждается, но его сторонятся и стесняются.

Положительные проявления в ситуации (сильные черты)
Готовность действовать, предпринимать активные шаги, находить нестандартные решения — вот явные положительные черты ситуации.

Отрицательные проявления в ситуации (слабости)
Отрицательным проявлением ситуации является то, что человек не всегда учитывает реакцию на его поступки. Некоторые из них шокируют и отдаляют человека от достижения цели. Избыток импульсивности при недостатке расчета — так можно охарактеризовать подобное поведение.

Тенденции развития ситуации при положительном значении (что можно ожидать дальше)
Человек добьется того, к чему стремится. Он не остановится, пока не получит своего или не решит, что наступил конец. И тот, кто должен дать ему внимание, совет или симпатию, вынужден будет открыться перед таким натиском.

Тенденции развития ситуации при отрицательном значении (что можно ожидать дальше)
Человека поставят на место, причем жестко и даже жестоко, поскольку он не оценивает свои поступки с такой стороны, не считает себя вульгарным и распущенным. Но это, к сожалению, факт.

МАСТЬ ЗЕМЛИ (EARTH)

Супружеское ложе — что понятней?
Стабильней что и что милей?
Оно приемлемо для знати,
Приемлемо и для простых людей.

Страстей там нет? Вот заблужденье!
И чувства нет? Хоть отбавляй!
И нет среди супругов сожаленья,
А счастье есть, и много — через край.

Вам не понять, кто мечется в смятеньи,
Кому судьбой быть с милым не дано,
Тому, кто в кубок собственных волнений
Долил из похоти вино.

Сюжет карты
На карте изображена фреска. Боги любви и семейного очага, находясь в верхней части фрески, покровительствуют взаимоотношениям мужчины и женщины, которые находятся ниже. Они слились в едином порыве страсти, а их любовная игра находит понимание и в их сердцах, и в сердцах богов.

Значение карты в прямом положении
Карта указывает на спокойные, устойчивые отношения между партнерами. Чаще всего речь идет о супругах или людях, чьи отношения длятся годами и от которых не стоит ожидать никаких сюрпризов.

В паре царят гармония и стабильность, традиционность в поведении и поступках. Секс гармоничен и размерен, что устраивает обоих партнеров.

Значение карты в перевернутом положении
Карта указывает на то, что в привычных взаимоотношениях начался спад. Партнеров не устраивает привычный ход событий, но и предпринять что-то новое не хватает фантазии. Это естественный ход жизни, за которым следует новый виток взаимоотношений.

Положительные проявления в ситуации (сильные черты)

Стабильность и определенность — вот основные положительные аспекты данной ситуации. Не стоит ждать резких перемен или всплеска чувств. Все идет своим чередом. Все закономерно и прогнозируемо.

Отрицательные проявления в ситуации (слабости)

Люди, привыкнув к такой стабильности и прогнозируемости в отношениях, не способны видеть большее в самих себе, своих чувствах и своем партнере. Это не только гармония, но и в некотором роде привычка.

Тенденции развития ситуации при положительном значении (что можно ожидать дальше)

От такой ситуации сложно ожидать чего-то экстраординарного, поскольку направление ее развития понятно на много шагов вперед. Все будет как обычно — основательно и размеренно, без эксцессов и приключений.

Тенденции развития ситуации при отрицательном значении (что можно ожидать дальше)

В паре могут начаться метания и поиск новых увлечений и интересов. Это попытка не столько сменить партнера, сколько добавить в существующие отношения что-то новое, привнеся его извне. Такой подход ошибочен и может только усложнить и без того непростые взаимоотношения, по крайней мере на данном этапе.

МАСТЬ ЗЕМЛИ (EARTH)

Ты думал, я стерплю, что брошенною стала?
Не на того, наглец, напал!
И скромность отложив, я стервой стала —
Скандал, конфликт! — чтоб правду ты узнал.

Ты втихомолку мыслил удалиться,
Ни слова не сказав и не простив,
А ведь когда-то обещал жениться,
Страдал ты от любви, а вот теперь остыл.

Но я не буду брошенною — дудки!
Ни люди не смутят, ни ты,
Не соглашусь на должность проститутки,
Пусть люди правду знают — все твои финты.

Сюжет карты

Среди собрания людей — возможно, на светском рауте, а возможно, в фойе театра — разыгрывается бурная сцена. Девушка, чья одежда говорит нам о ее вольном нраве, сорвав с себя юбку, хватает мужчину за ногу. Стоя на коленях и взывая к нему, она не замечает осуждающих взглядов публики, которая шокирована ее полуобнаженным видом и вызывающим поведением.

Мужчина разгневан. Его спутница удивлена и поражена тем, что происходит у нее на глазах. Но по ка никто не готов вмешаться, оставляя им возможность самим разрешить конфликтную ситуацию.

Значение карты в прямом положении

Карта указывает на скандал и публичное выяснение отношений. Человек не готов смириться с потерей и отстаивает свои права, даже если для всех остальных это выглядит весьма сомнительно.

Карта при наличии дополнительных уточняющих карт может говорить об опасности или измене.

Значение карты в перевернутом положении

Карта указывает на позор и стыд, который бурлит в человеке. Но он, в силу массы причин, не готов вынести все это на всеобщее обозрение и глубоко переживает втайне от всех.

Карта часто говорит о том, что человек перенес публичное унижение и не может простить того, что он не сделал, или того, что вообще допустил это.

Положительные проявления в ситуации (сильные черты)
Положительным аспектом ситуации является то, что человек не готов смириться с несправедливостью, которая допущена в отношении него. Он будет всеми силами отстаивать свои права на то, что считает принадлежащим ему.

Отрицательные проявления в ситуации (слабости)
Отрицательным аспектом является то, что человек не ищет правых или виноватых. Он считает, что он всегда и во всем прав. Такая позиция может восприниматься окружающими не как норма, а лишь как каприз, независимо от формы и намерения.

Тенденции развития ситуации при положительном значении (что можно ожидать дальше)
Человек не добьется правды и не получит того, к чему стремится. Его поведение — ошибка, а цель — иллюзия, которой достичь невозможно. Во всяком случае, не теми средствами, которыми он предполагает это сделать.

Тенденции развития ситуации при отрицательном значении (что можно ожидать дальше)
У человека в голове зарождается план мести. Он хочет, чтобы обидчик понес самое жестокое наказание. И больше всего хочет, чтобы оно пало на голову обидчика из его рук. Но его желаниям не дано сбыться, они станут лишь болью и злобой в его душе.

МАСТЬ ЗЕМЛИ (EARTH)

Противно, мерзко? Мне не показалось.
Разнообразна жизнь, и много в ней чего.
Вот у меня же за душой немногое осталось,
И мне теперь не страшно ничего.

Позор и униженья я стерпела,
Все в прошлом, где-то позади.
А впереди? Кому какое дело,
Что будет у меня там, впереди?

Не стоит осуждать иль сожалеть,
К чему вообще все ваши мысли?
Мне лишь чуть-чуть перетерпеть
И не уйти в небытие из этой жизни.

Сюжет карты

Посреди мостовой, в толпе прохожих, застыла женская фигура. Женщина присела на корточки и что-то рассматривает у себя под ногами. Но там лишь мусор да обрывки бумаг, которые явно не представляют никакой ценности. Но, видимо, это для нее не важно, а важно лишь то, что она хочет что-то найти.

Значение карты в прямом положении

Карта указывает на то, что человек подавлен и растоптан. Все его естество противится тому, что с ним произошло, но сделать он ничего не может. Он полностью дезориентирован, а заниженная самооценка не позволяет взять себя в руки.

Такое состояние чаще всего возникает после морального или физического насилия над человеком.

Значение карты в перевернутом положении

Карта борьбы. Человек, достоинство которого серьезно пострадало, не согласен с таким положением вещей. Он готовится к бою и стремится отомстить своим обидчикам.

Это карта расплаты, которая вот-вот настигнет тех, кто издевался и измывался над человеком.

Положительные проявления в ситуации (сильные черты)
Положительным проявлением в данной ситуации является то, что человек способен оценить свое состояние — не причины и не способы выхода из ситуации, но лишь само состояние. И это дает ему пусть небольшую, но уверенность в себе и своих силах.

Отрицательные проявления в ситуации (слабости)
Отрицательным проявлением является то, что человек совершенно не готов бороться за свои права и свои интересы. Он уже решил, что он слаб и не может ничего поделать со своей жизнью. Он проиграл и теперь готов сдаться.

Тенденции развития ситуации при положительном значении (что можно ожидать дальше)
Ситуация, которая основана на состоянии полной подавленности и потерянности, приведет лишь к тому, что, переболев своей болью, он опять вернется в привычное русло. И будет продолжать делать то, что от него требуют, и то, что от него ждут. Прежние обидчики все так же будут использовать его в своих интересах.

Тенденции развития ситуации при отрицательном значении (что можно ожидать дальше)
Тенденция развития ситуации, которая демонстрируется перевернутой картой, гораздо более позитивна, чем та, что мы увидели в трактовке прямой карты. Человек не только захочет бороться за себя и свою честь, но и начнет предпринимать серьезные и весомые шаги, чтобы достичь этого. Его девизом будет: «Месть — это блюдо, которое подают холодным».

МАСТЬ ЗЕМЛИ (EARTH)

Ну что, мой милый, дорогой,
Ты чем богаче, тем приятней,
Давай играй своей мошной
И балуй, только попонятней.

И не забудь моих друзей,
Что подобает класть к моим ногам:
Цветы и платья, множество вещей,
Что мне позволят жизнь прожить без драм.

И бриллианты... Слышал, щедрый мой?
Они для девушек так сладки.
Тогда я буду сердцем и душой
Навек с тобой, пока ни на кого
                не посмотрю украдкой.

Сюжет карты

Молодая особа в сексуальном нижнем белье размышляет о чем-то, облокотившись на большое высокое кресло. Оно как бы подсказывает нам, что в ее жизни есть что-то или кто-то, на кого она может так же опереться. Да, верно. Вот его фуражка, а вот подарок, который, видимо, был преподнесен этой особе. Но он еще не открыт. Возможно, она чего-то ждет или ей уже не интересно то, что она там увидит.

Значение карты в прямом положении

Карта указывает на то, что один из партнеров использует другого для удовлетворения своих интересов. Он одинок, но не в силу отсутствия понимающего и любящего человека, а в силу личного эгоизма, который предлагает любить только себя. Это расчетливый и вполне обдуманный союз, который будет длиться до тех пор, пока есть выгода.

Значение карты в перевернутом положении

Карта указывает на фиктивность происходящего. Все, что вы видите, не реально, а лишь плод чьей- то прихоти, отрежиссированный и продуманный.

Все продается и все покупается, так почему бы не развлечься?

Положительные проявления в ситуации (сильные черты)

Способность манипулировать другими людьми и делать так, чтобы они выполняли все желания человека, не самый плохой талант. Он требует понимания природы людей, а также знания того, что хочется от жизни и от тех, кем управляет человек.

Отрицательные проявления в ситуации (слабости)

По сути, человек использует других. Но не это плохо, а то, что он перестает общаться с людьми на равных, рассматривая их либо как рабов, либо как тех, кто по какой-то причине не стал рабом. Такая психология ведет человека к одиночеству и полному разочарованию.

Тенденции развития ситуации при положительном значении (что можно ожидать дальше)

Ситуация будет развиваться до тех пор, пока один из партнеров получает от другого желаемое. Затем все будет свернуто, и быстрое расставание станет вполне закономерным финалом. Причем ни одна из сторон не будет испытывать серьезных сожалений по этому поводу.

Тенденции развития ситуации при отрицательном значении (что можно ожидать дальше)

Ситуация будет доведена до запланированного финала. Автор сценария — тот, кто имеет определенную цель, — доведет все до логического и устраивающего его завершения. Ведь тот, кто играет другими людьми, делает это обдуманно и взвешенно.

МАСТЬ ЗЕМЛИ (EARTH)

Монахиня? Не я, но в заточеньи,
Оков нет на руках, они чисты,
Но сердце стонет и кричит в сомненьи:
В кого я влюблена? А как считаешь ты?

Ведь я игрушка, пленница без плена,
Монашка без креста и служка без псалмов.
И все же я — твоя вторая половина, —
Что можешь ты воспринимать без слов?

Кто хочет страсти — тот ее получит,
Тюрьмы кто хочет — будет заточен,
А я лишь жду, когда настанет случай
Сбежать. Будь проклят этот дом!

Сюжет карты

В темной и мрачной комнате на полу, среди разбросанных писем, застыла женская фигура в одеждах, напоминающих саван, которые закрывают верхнюю часть тела и голову. Но одежды не прикрывают ног женщины, а плечо выскользнуло из этого белого плена, обнажив грудь.

Женщина не видит ничего вокруг. Ее взгляд устремлен на листки, а рука, которая зажата ногами, как бы усиливает впечатление от жестких рамок и зависимости, в которой находится эта молодая женщина.

За ее спиной, в дверном проеме, стоит мужчина, одетый во все черное. Он наблюдает за происходящим. Он — страж своей пленницы. А может, спаситель?

Значение карты в прямом положении

Карта указывает на серьезную дисгармонию во взаимоотношениях. Один из партнеров — тиран, который полностью подчинил другого своей воле и интересам.

Подчиненный живет как затворник, его отношения с внешним миром и друзьями строго ограничены. Его положение напоминает состояние жертвы, которая смирилась со своей участью.

Значение карты в перевернутом положении

Карта указывает на бунт, революцию, которая назревает в человеке. Он готов разорвать свои цепи и растоптать мучителя, чтобы вырваться из плена. Часто такой бунт сопряжен с последующим загулом — бесконтрольным проявлением свободы и вседозволенности.

Положительные проявления в ситуации (сильные черты)

Умение подчиняться, приносить в жертву собственные интересы, способность воспринимать пожелания людей — прекрасные качества, которыми обладают немногие. И все же это не компенсирует того негатива, который представлен в отрицательном аспекте ситуации.

Отрицательные проявления в ситуации (слабости)

Человек полностью забыл про себя, свои интересы и про свои желания. Его воля и чувства уже не принадлежат ему, а являются собственностью того, кому он покорился. Он раб. Слуга. Он почти потерял свое «я».

Тенденции развития ситуации при положительном значении (что можно ожидать дальше)

Тенденция ситуации, описанная картой в прямом положении, не представляет никакого интереса. Человек не сделает ничего такого, чтобы хоть как-то изменить свое состояние или положение вещей. Как он сидел в рабстве — так и будет сидеть. А разговоры о свободе и стремление как-то выразить свое недовольство — лишь игра, которая направлена на то, чтобы произвести впечатление на окружающих.

Тенденции развития ситуации при отрицательном значении (что можно ожидать дальше)

Начало активных действий, которые предрекает карта в перевернутом значении, будет сопровождаться серьезными «погромами» и попыткой отомстить своему обидчику. Человек, поняв, что он может стать свободным, всячески старается возместить себе все те годы, которые прошли в заточении. И прошли они по вине того, с кем сейчас идет борьба до последнего вздоха. До тех пор, пока враг не запросит пощады.

МАСТЬ ЗЕМЛИ (EARTH)

Одна я, в тишине, в спокойствии закрылась,
Не от тебя иль от себя — от жизни удалилась.
Не насовсем — на миг, как будет надо,
Покой и тишина — вот большая награда.

Ты не грусти, я посижу, подумаю в сторонке,
Без дум, без горести, прости, вокруг так звонко,
Что не услышать сердца стук и мыслей озаренье,
А ты пока поразмышляй иль напиши стихотворенье.

Что в голову придет в тиши полночной?
Ведь ты один, сидишь один, я знаю это точно,
И я одна, пока одна, сижу сама с собою,
Чтобы вернуться в мир с моей былой любовью.

Сюжет карты

Рыжеволосая девушка в коротком платьице сидит на ковре по-турецки, скрестив ноги. В ее руках флейта. При помощи такой флейты факиры зачаровывали змей. Именно это делает наша героиня, с той лишь разницей, что перед ней не змея или удав, а кинопленка, которая слушается девушку так же, как и дрессированная змея.

Значение карты в прямом положении

Карта говорит о возникшей паузе во взаимоотношениях между партнерами. Перерыв обусловлен необходимостью переосмысления собственного опыта, эмоций и чувств, которые требуют этого.

Ничего трагичного здесь нет, а уединение, на которое намекает эта карта, лишь идет на пользу.

Значение карты в перевернутом положении

Карта говорит о том, что взаимоотношения, которые были прерваны некоторое время назад, восстанавливаются. Это может быть возврат старой дружбы или появление первой любви. Но важно понимать, что это лишь ностальгия по былым временам, которая быстро пойдет. Так же, как и возродившееся общение.

Положительные проявления в ситуации (сильные черты)
Человек хорошо чувствует сложные моменты, напряженность, которая возникает у него внутри. Он не готов доводить ситуацию до состояния крайнего напряжения и старается сделать все, чтобы этого не допустить.

Отрицательные проявления в ситуации (слабости)
Отрицательным можно считать только то, что человек не решает проблемы и конфликты в своей жизни, а лишь удаляется от них. И естественно, он столкнется с ними после отдыха. Впрочем, возможно тогда он и справится с ними.

Тенденции развития ситуации при положительном значении (что можно ожидать дальше)
После отдыха и перерыва часть проблем и конфликтов растворилась сама собой. А та часть, которая не желала исчезать, может разрешиться только в том случае, если человек изберет иную тактику, а не ту, которую он использовал до сих пор. Свежая голова полна свежих идей, и все должно получиться.

Тенденции развития ситуации при отрицательном значении (что можно ожидать дальше)
Человека ждет разочарование. То, к чему он стремился, и то, что он хотел получить от жизни и нового общения, просто невозможно. И все потому, что в настоящем он искал прошлое, которое ушло безвозвратно. Все, что от него требуется, это принять как данность: в одну и ту же реку не войти дважды.

МАСТЬ ЗЕМЛИ (EARTH)

Не Гулливер, не лилипут,
Так просто все сложилось,
Ты полон мерзких пут,
И все уже свершилось.

Не великан я — это ты,
Как гном из детской сказки,
А я смотрю, и с высоты,
Мне видно: ты глядишь с опаской.

Не сокрушайся, не страшись,
Не нужен мне пугливый.
Зачем себе самой, скажи,
Мне портить жизнь? Скажи на милость!

Сюжет карты
На городской площади, где журчит старый фонтан и из окон старой ратуши так удобно наблюдать за горожанами, застыла огромная фигура. Это девушка столь громадных размеров, что старая многоэтажная ратуша придется ей по пояс, если она встанет во весь рост. Но девушка не спешит, согнувшись, она что-то с интересом рассматривает у себя под ногами. И прохожие, не веря своим глазам, в страхе разбегаются.

Значение карты в прямом положении
Карта указывает на весьма серьезный дисбаланс во взаимоотношениях между людьми. Возможности и потенциал одного превосходят возможности и потенциал другого, от чего последний находится не в своей тарелке.

Это встреча-ошибка, которая должна быть исправлена тем, кто сильнее. Иначе он будет вынужден опуститься до уровня своего партнера, тем самым потеряв часть себя.

В карте присутствуют неуверенность и страх, причины которого описаны выше.

Значение карты в перевернутом положении

Карта указывает на неравные взаимоотношения, которые построены на определенном интересе как с одной, так и с другой стороны. Например, пара «папа — дочка», которая гармонично и комфортно себя чувствует, поскольку дочке нужны капиталы папы, а папе — любовь и забота, даже за деньги.

Каждый получает то, что он хочет, и это позволяет существовать союзу довольно долго.

Положительные проявления в ситуации (сильные черты)

Положительным проявлением можно считать то, что человек готов общаться с разными людьми. Его не пугает разница в возрасте или социальном статусе. Но все же стоит понимать, что общение общению рознь.

Отрицательные проявления в ситуации (слабости)

Отрицательным моментом является то, что человек от такого общения начинает перенимать отрицательные стороны и слабости того, кто ниже по уровню. Это схоже с деградацией, только незаметной, которая постепенно может опустить человека на более низкий уровень.

Тенденции развития ситуации при положительном значении (что можно ожидать дальше)

Постепенно человек начнет испытывать дискомфорт и ощущение того, что он находится не в своей тарелке. Это состояние будет усиливаться, и если он дорожит собой, то предпримет усилия, чтобы выбраться из этой зависимости, а по сути, откажется от подобного союза. Но если нет, то со временем он привыкнет к своему новому статусу. Ведь привыкнуть можно ко всему.

Тенденции развития ситуации при отрицательном значении (что можно ожидать дальше)

При отрицательном (перевернутом) положении пара будет существовать до тех пор, пока это выгодно кому-то из партнеров. Причем в большинстве случаев решение принимает тот, что «больше» и влиятельнее. И то только тогда, когда он устал от отношений и насладился ими в полной мере.

МАСТЬ ЗЕМЛИ (EARTH)

Все так удобно, как всегда,
Как много лет — в своем порядке.
Любовь, да нет. Привычка — да,
Как линии в простой тетрадке.

Расчерчены и сочтены,
Как дни мои с тобою,
Вписала я, и вписан ты,
А начиналось все любовью.

Пройдут года, исчезнет сон,
И явь заменит наши чувства,
Ты был как ты, ты был как он,
Не жаль, нет места в сердце грусти.

Сюжет карты

Молодая женщина за столиком кафе. Она элегантно одета, утонченна и держится с достоинством. В одной ее руке мы видим бокал вина, в другой — книгу, которую она с интересом читает.

Женщина полностью погружена в свои мысли и в чтение, не замечая официанта рядом и пару, которая прогуливается неподалеку. Мир вокруг нее отошел на второй план, а на первом — она сама и книга.

Значение карты в прямом положении

Карта застоя и покоя. Все, что было во взаимоотношениях, осталось в прошлом. А в настоящем — лишь привычка да весьма поверхностный интерес.

Но пока такое состояние вполне устраивает обоих партнеров, которые поддерживают романтические отношения, но уже поостыли в сексуальном плане.

Значение карты в перевернутом положении

Карта указывает на то, что во взаимоотношениях партнеров начинается новый этап. Он, как глоток воздуха, дает им новые впечатления и новые ощущения жизни. Это вторая или третья молодость, которая непременно начнется.

Положительные проявления в ситуации (сильные черты)

Стабильность поведенческая и психологическая, которую дает подобное состояние, позволяет чувствовать себя вполне комфортно и уютно и не беспокоиться о завтрашнем дне.

Отрицательные проявления в ситуации (слабости)

То, что человек воспринимает как данность, на самом деле плод серьезной работы и итог долгого пути, который прошли оба партнера. Это стоит ценить и не забывать о том, какой ценой и какими усилиями досталась эта стабильность.

Тенденции развития ситуации при положительном значении (что можно ожидать дальше)

Человек «дочитает книгу», то есть закончит очередную главу своей жизни, и начнет «читать» ее с самого начала. Так всегда происходит по стабильной схеме, когда, кажется, все завершено, но на самом деле это просто конец очередной главы.

Тенденции развития ситуации при отрицательном значении (что можно ожидать дальше)

Нужно быть готовым к новому этапу и новым впечатлениям. Возможно, его начало стоит отпраздновать романтическим ужином или поездкой в экзотическую страну. Ведь это не вторая жизнь старого романа, а новая жизнь нового.

АЖ. МАСТЬ ЗЕМЛИ (EARTH)

Коварство — твой конек от рода,
Интрига — сладость бытия,
Подвох и сплетня, ханжества дорога,
Ведет тебя по жизни, и стезя,

Что выбрал ты, тебе по нраву.
Не славы ты искатель, а интриг,
И злобою снискал ты злую славу,
Крушить людские судьбы можешь вмиг.

Повелеваешь ты злословием с успехом,
И грубость ты используешь с умом,
И многие, кто стал тебе помехой,
Не видят ни друзей, ни отчий дом.

Сюжет карты

На театральных подмостках нет декораций. Там царит запустение и нет никого, кроме мрачной фигуры в черном. Серый кардинал или придворный шут — мы не знаем, поскольку автор не снабдил нас описанием. Мы лишь можем созерцать демонический образ этого паяца и думать над тем, какие же мысли бродят в его голове.

Значение карты в прямом положении

Карта тайных пороков, которые бурлят в человеке, толкая его на самые низкие поступки. Это могут быть сплетни, интриги и доносы, которые призваны разрушить чью-то жизнь. Коварство и злой расчет стремятся растоптать чье-то счастье.

И причина этого — в самом злом гении, который не в состоянии постичь любовь и не может быть счастлив. Это злобный ханжа, который способен только на зависть и злобу в отношении чужого счастья.

Значение карты в перевернутом положении

Карта указывает на доброго гения, который живет в человеке и который стремится помочь всем просто по доброте душевной. Он спасает, защищает и предостерегает тех, с кем сталкивает его судьба.

И ведет он себя так не из-за корысти, а из-за любви к людям и искреннего желания им помочь.

Положительные проявления в ситуации (сильные черты)
Рано или поздно, но пороки и слабости дают о себе знать. Так почему не сейчас увидеть все то, что мешает радоваться жизни, и то, что заставляет злобу и ненависть править вашей судьбой?

Отрицательные проявления в ситуации (слабости)
Человек не готов бороться со своими страстями. Он готов их культивировать, приумножать и потворствовать им, оправдывая себя и свои слабости.

Тенденции развития ситуации при положительном значении (что можно ожидать дальше)
Пороки начинают портить жизнь человека. Неудачи и ошибки вызывают его злобу и ненависть, а успех окружающих — зависть и желание любой ценой отобрать у них заслуженное. Это путь к подлым поступкам и гадостям, которые дают человеку временное облегчение в той злобе, что клокочет у него внутри.

Тенденции развития ситуации при отрицательном значении (что можно ожидать дальше)
Это карта помощи. Она очень редко появляется в раскладе, но ее появление говорит о том, что сама Судьба заступается за человека, стремясь воздать ему сполна и оградить его от недоброжелателей. С такой поддержкой человек может ничего не опасаться.

ЫЦАРЬ. МАСТЬ ЗЕМЛИ (EARTH)

По натуре стабильна, уверенна,
Все в руках, все в умелых руках,
Ни травинку, ни кустик, ни дерево
Не пропустишь, все помнишь.

В глазах у тебя только то, что подвластно
Сильным чувствам и мыслям твоим,
Рядом быть, вместе жить — так прекрасно,
Как рассвет и закат. И весь мир полюбить.

Знаешь точно: все в жизни отмерено,
Точно знаешь, с кем ты и когда.
Ты прекрасна, и в счастье безмерном
Быть с тобой я хотел бы всегда.

Сюжет карты
В весеннем саду, среди цветов и цветущих деревьев, едет всадница. Ее конь, исполненный силы и грации, готов нести наездницу куда угодно. Быть может, к тому замку, что виден на заднем плане.

Сейчас всадница откроет калитку загона и отправится в путь.

Значение карты в прямом положении
Карта указывает на то, что состояние, которое она символизирует, вполне самодостаточное и сбалансированное. Человек демонстрирует независимость и внутреннюю гармонию, способность самостоятельно принимать решения и при этом сохранять контроль за самыми сложными ситуациями.

Человек аккуратен в делах, несколько самоуверен, поскольку всего, что он имеет, он добился сам. Хороший хозяин и стабильный партнер.

Значение карты в перевернутом положении
Карта указывает на то, что у человека начались сложности в делах. В его имущественных делах возникли проблемы, и он пока не знает, что можно предпринять в связи с этим.

Потеря контроля и последующие трудности нервируют его, выводят его из состояния равновесия.

Положительные проявления в ситуации (сильные черты)

Внутренняя стабильность и уверенность в своих силах — вот, пожалуй, два основных качества, на которые стоит обратить внимание. В компании с таким человеком вы чувствуете себя уверенно и раскрепощенно, зная, что помощь всегда рядом.

Отрицательные проявления в ситуации (слабости)

Такой партнер может расхолаживать, особенно тех, кто слабее него. Обычно слабые партнеры либо становятся более слабыми, даже не стараясь развиваться при сильной поддержке, либо бунтуют, не соглашаясь на роль подчиненного и желая быть только лидером.

Тенденции развития ситуации при положительном значении (что можно ожидать дальше)

В дальнейшем можно ожидать стабильного и управляемого движения. Но это в том случае, если вы будете доверять человеку и не отказываться от его советов. Такое вполне возможно, поскольку не все готовы исполнять приказы, даже самые разумные.

Тенденции развития ситуации при отрицательном значении (что можно ожидать дальше)

Единственный шанс человека поправить свои дела — это возобновить общение с тем, кто прежде не раз оказывал ему помощь и поддержку. Его совет и помощь могут дать шанс выбраться из непростой ситуации. Но это возможно лишь в том случае, если старый друг забудет былые обиды и поспешит на выручку.

ОРОЛЕВА. МАСТЬ ЗЕМЛИ (EARTH)

Все, дальше хода нет, и можно не стараться,
Потуги тщетны, силы сочтены,
И нет пути вперед, и хода нет обратно,
Теперь конец — все сожжены мосты.

Кричать? Скорбеть? Нет, все напрасно,
Да и кому теперь эмоции нужны,
Когда сыграла ты опасно —
И проиграла. Жребии пусты.

Еще чуть-чуть, и потеряешь ты сознанье,
И жизни пульс, и все свои мечты,
Тебе уже не надо пониманья,
Лишь слабый шанс, что свет увидишь ты.

Сюжет карты

Молодая девушка, в платье не по размеру, стоит у стены древнего храма. Она стоит спиной к древней кладке, стараясь прижаться к ней так, чтобы ощутить стабильность и уверенность, которые она потеряла.

Ее поиск приключений и новых впечатлений, который закончился здесь, недалеко от места поклонения древнему божеству, чью фреску мы видим на стене, закончился разочарованием. Но что произошло в ее жизни, знает лишь Тот, на Кого она уповает.

Значение карты в прямом положении

Карта указывает на женщину, которая находится на грани отчаяния. Она, следуя привычным путем, зашла в серьезный жизненный тупик, из которого не видит выхода. Ее переполняют отчаяние и страх, прежде всего за себя и свое будущее.

Мечты и надежды рухнули, и помощи ждать неоткуда. А страх потери и одиночества, отсутствие поддержки лишь усугубляют положение вещей. Но в этой карте есть и благоприятное предзнаменование, поскольку она говорит о том, что именно в таком состоянии можно изменить себя и свое отношение к миру, которое позволит найти выход из сложившейся ситуации.

Значение карты в перевернутом положении

Карта указывает на женщину, которая привыкла все покупать, а не завоевывать или принимать в дар. Ее циничное отношение к жизни проходит через призмы выгоды и имущественного интереса.

Он всегда знает, чего она хочет. Более того, она знает, сколько это стоит и где это можно купить.

Положительные проявления в ситуации (сильные черты)

Положительным аспектом ситуации является то, что не все еще потеряно. Да, прошлое не вернуть, но осталось настоящее, в котором еще можно преуспеть.

Отрицательные проявления в ситуации (слабости)

Практически полная дезориентация. Она не знает, что ей делать, и хочет лишь одного — чтобы все было как прежде.

Тенденции развития ситуации при положительном значении (что можно ожидать дальше)

Человек выйдет из ступора, поскольку время — великий лекарь, который начнет залечивать раны. И если ему не мешать и не теребить душу, все встанет на свои места. И жизнь потечет своим чередом.

Тенденции развития ситуации при отрицательном значении (что можно ожидать дальше)

При отрицательном (перевернутом) значении это всего лишь карта дамы, которая ценит деньги и распоряжается всем в своей жизни с их помощью. Она не цинична, но точно знает, что чего стоит и как этим можно распорядиться.

ОРОЛЬ. МАСТЬ ЗЕМЛИ (EARTH)

Порок не средство — наслажденье,
Что позволяет кожей ощущать
Весь этот мир, увидеть наважденье
И мыслей грязь, что вслух не передать.

Но, судя по сюжету, ты доволен —
Не час, не день, а до скончания времен.
И мрачный мир твой, нетерпимый к боли,
Лишь часть тебя, твой страшный сон.

Сон, что исполнен наслажденья
От всего того, что есть грешно,
И от того, что людям так постыло,
Запрещено, а вот тебе — разрешено.

Сюжет карты

Среди мрачных полусухих зарослей на берегу болота сидит молодая девушка. Она в полузабытьи наблюдает за тем, как расходятся круги от прутика, которым она водит по воде. Девушка управляет водой, а за ее спиной стоит тот, кто управляет ею.

Это человек, лицо которого напоминает маску смерти — своим гладким черепом, и холодом в глазах, и худым, изможденным лицом. Он держит в руках ветку, которой водит по телу девушки — по ее ногам, бедрам, обнажая их.

Значение карты в прямом положении

Это карта человека, слишком развращенного душой и собственными поступками, чтобы объективно воспринимать реальность. Его внутренние конфликты — непринятие себя, психологическая и сексуальная неудовлетворенность — окрашивают все его действия по отношению к людям.

Он слаб душой, но силен тем злом, которое есть у него внутри. И все, что его интересует в других людях, — это пища для его эмоций и самоудовлетворения.

Значение карты в перевернутом положении

Карта дельца. Он способен на все ради удовлетворения своего желания. В большинстве случаев его инструментами являются деньги, а также людские слабости. Он прекрасно ими управляет, часто не задумываясь, как же у него это выходит. Он по натуре слаб, но деньги и людские пороки делают его сильнее.

Положительные проявления в ситуации (сильные черты)

Положительных аспектов к этой ситуации нет, поскольку она изначально демонстрирует человеческие пороки и испорченность. В болоте искаженного восприятия чувств нет, как нет и ничего положительного.

Отрицательные проявления в ситуации (слабости)

Человек, ведомый своими пороками, возможно элементарной похотью и жаждой страсти, манипулирует слабостями других. Он подчиняет себе и своему желанию тех, кто находится рядом. Такого человека нельзя понять, с ним невозможно договориться. Ему лишь продаются в рабство, и по-иному никак.

Тенденции развития ситуации при положительном значении (что можно ожидать дальше)

Человек идет по жизни от удовольствия к удовольствию. Он берет то, что ему надо, и то, что доставляет ему наслаждение с каждым новым днем. А все остальное для него неважно. В том числе и судьбы людей, которые пострадали от его пороков и желаний.

Тенденции развития ситуации при отрицательном значении (что можно ожидать дальше)

Как уже говорилось, перед нами делец. Он тот, чей язык — выгода и интерес. И если ему предоставить это, то с ним можно договориться. Но не думайте, что если вы договорились в деле, которое для вас важно, то вы получили реальную выгоду. Он получит ее в большем объеме, и какой-то больший интерес толкает его на сотрудничество или общение с вами.

ПОСЛЕСЛОВИЕ

Вот и закончилась наша книга. Закончилось описание творения художника, который запечатлел мир чувств, эмоций и страстей человека так, как он его понял.

Не важно, описал ли он его полностью или что-то оставил за рамками своих картин. Главное, он сделал это искренне, пытаясь заглянуть за завесу тайны. Но не вселенской тайны, которая прячет загадки мироздания, а тайны более близкой, но не менее таинственной, чье имя — Любовь.

На тему отношений мужчины и женщины было сказано немало, поскольку они всегда будут оставаться самыми важными в нашем мире, в нашей части Вселенной, независимо от времени и состояния общества.

Мы волей Творца созданы так, что ищем свою вторую половину, а найдя ее, стремимся к гармонии. Иногда осознанно, иногда нет. Но непременно стремимся к тому, чтобы найти счастье, гармонию и любовь.

Мне очень хочется надеяться на то, что эта книга позволит вам научиться лучше разбираться в людях, их чувствах, мотивах и способах самовыражения. Она поможет вам видеть и отличать реальные чувства от искусственных, любовь — от влюбленности, а ложь — от простых человеческих ошибок.

И пусть в вашей жизни все будет так, как вы пожелаете, в том случае, если вы желаете любви, счастья и добра всем, кто дорог вам.

Дмитрий Невский

СОДЕРЖАНИЕ

КАРТЫ ТАРО — КЛЮЧ К ПОНИМАНИЮ ЧЕЛОВЕКА 3

ГАДАНИЕ. ЗАЧЕМ ОНО НУЖНО?
Гадание как вариант исследования судьбы 4
Гадание как вариант исследования себя 5
Гадание как вариант исследования других людей 6
Гадание как метод постижения мира 6
Судьба, гадание и характер 7

ОПАСНОСТИ И ПРЕДОСТЕРЕЖЕНИЯ ПРИ РАБОТЕ С ТАРО
Понимание и контроль 9
Развитие ситуации и ее изменение 10
Намеренная ошибка 10
Ненамеренная ошибка 11

ТАРО МАНАРА — ДЕМОНСТРАЦИЯ СИЛ ЖЕНСКОЙ ПРИРОДЫ ...
Супруг. Что в нем не нравится и как это изменить? 12
Поведение мужчины 13
Неужели всему надо учить? 14
Как получить нужный эффект? 14
Поведение женщины 15
Колея 16
Как исправить сложившееся положение вещей? 16
Диктатура или подчинение 17
Сильный — слабый 18
Тихо — громко 18
Внутренние конфликты 19
Внешние конфликты 20
Секс 20
Сомнения 21
Как быть и что делать? 21

МАСТИ КАК ОТРАЖЕНИЕ ОПРЕДЕЛЕННЫХ ТИПАЖЕЙ
Стихия 23
Огонь 24
Вода 24
Воздух 25
Земля 26

ПОВЕДЕНЧЕСКИЕ ТИПЫ ЛЮДЕЙ В 12 АСТРОЛОГИЧЕСКИХ ДОМАХ 28
Астрологические Дома 29
Характеристика Домов 29

ПОВЕДЕНЧЕСКИЕ ТИПЫ МУЖЧИН В 12 АСТРОЛОГИЧЕСКИХ ДОМАХ
Король Огня: «Все во имя цели!» 35
Король Воды: «Как вам это нравится?!» 40
Король Воздуха: «Могу улучшить мир или отдельно взятое помещение». 43
Король Земли: «А что я буду с этого иметь?» 46

ПОВЕДЕНЧЕСКИЕ ТИПЫ ЖЕНЩИН В 12 АСТРОЛОГИЧЕСКИХ ДОМАХ
Королева Огня: «Подать его сюда!» 50
Королева Воды: «Ах, какой странный мир!» 53
Королева Воздуха: «Все должно быть правильно!» 56
Королева Земли: «А кому это нужно?» 60

ПСИХОЛОГИЧЕСКАЯ И СЕКСУАЛЬНАЯ СОВМЕСТИМОСТЬ МАСТЕЙ И ТИПАЖЕЙ
Последствия контактов несовместимых мастей 64
Иерархия мастей как отражение развития человека 64
Развитие человека. Формирование типажа 64
Дружба-вражда стихий 65
Учиться, но не уподобляться 66

ПРЯМЫЕ И ПЕРЕВЕРНУТЫЕ МАСТИ
Почему человек меняется? 71
Как увидеть переворот масти? 72
Как происходит переворот масти? 73

ПРЕДСКАЗАТЕЛЬНАЯ РАБОТА С КАРТАМИ ТАРО
Приступая к работе с картами 75
Виды карт. Выбор колоды 75

ОСНОВНЫЕ ПРАВИЛА РАБОТЫ С ТАРО МАНАРА
Что необходимо 79

ОСВЯЩЕНИЕ, ХРАНЕНИЕ, ИСПОЛЬЗОВАНИЕ КАРТ
Освящение 82
Хранение 83
Использование карт 83

ИНСТРУКЦИЯ ПО ПРЕДСКАЗАНИЮ
Постановка вопроса 85
Ответ 87

    Как связать иформацию 87
    Общение в процессе работы с Таро 90

РАСКЛАДЫ ТАРО МАНАРА
    Три карты 93
    Взаимоотношения 94
    План 95
    Выбор (путь) — принятие решения 96
    Кельтский крест. Расклад демонстрирующий
    ситуацию и обстоятельства 97
    Игра в дурака 98
    Взаимоотношения 99
    Астрологические Дома 100

**КАК РАСКЛАДЫВАТЬ КАРТЫ. ПРЯМЫЕ И
ПЕРЕВЕРНУТЫЕ ПОЗИЦИИ КАРТ**
    Подход к вращению. 1-й вариант 104
    Подход к вращению. 2-й вариант 104

ВЫВОДЫ, РЕКОМЕНДАЦИИ, СОВЕТЫ
    Предопределенность, или фатум 106
    Кто может заниматься предсказаниями? 107
    Кому можно предсказывать его будущее? 107
    Предсказания для самого себя 108
    Как часто можно заниматься предсказаниями? 108

КАК РАБОТАТЬ С ОПИСАНИЕМ КАРТ? 110

СТАРШИЙ АРКАН 112

МЛАДШИЙ АРКАН. МАСТЬ ОГНЯ 156

МЛАДШИЙ АРКАН. МАСТЬ ВОДЫ 184

МЛАДШИЙ АРКАН. МАСТЬ ВОЗДУХА 212

МЛАДШИЙ АРКАН. МАСТЬ ЗЕМЛИ 240

ПОСЛЕСЛОВИЕ 268

МАГ ДМИТРИЙ НЕВСКИЙ

Консультации и магическая помощь по вопросам: Семьи и брака, Личным вопросам, Бизнесу, вопросам Судьбы и Жизни, успешности и удачливости и всему тому, что не входит в рамки «обычных человеческих явлений». Диагностика, корректировка, магическая помощь – все, что необходимо в конкретной ситуации.

Любой магической помощи предшествует консультация.

Обучение: Практической магии, Магии Свечей, Магии Судьбы, Работе с картами Таро, Рунической магии, Созданию талисманов и пантаклей, Противодействие магическим влияниям, Бизнес-магия, Повышение квалификации Специалистов.

Обучение только индивидуальное, по индивидуальной программе, по результатам тестирования.

Нательные талисманы, соединившие в себе мастерство ювелира и мудрость мага, созданы для повседневного ношения. Именно так достигается максимальный эффект, результат, получается польза от магического влияния талисмана.

Индивидуальный заказ и разработка.

А также книги, фильмы, статьи, которые вы можете найти на сайте Дмитрия Невского.

В интернете   www.nevskiy.name

Тел.   495-796-3495

Дмитрий Невский

ТАРО МАНАРА. МАГИЯ ЛЮБВИ

Верстка: Владимир Странников

Издательство Медков С. Б.
E-mail: Medkovs@yandex.ru

Подписано в печать 20.02.13. Формат 60x90/16.
Бумага офсетная. Печать офсетная.
Гарнитура «Таймс». Усл. печ. л. 17.
Тираж 500 экз.
Заказ №   .

Made in United States
Orlando, FL
25 July 2022